公開霊言

超古代文明ムーの大王
ラ・ムーの本心

大川隆法
RYUHO OKAWA

本霊言は、2018年2月16日、幸福の科学 特別説法堂にて、
公開収録された（写真）。

まえがき

久々に神の持つ恐(こわ)い面が出てきたようである。

幸福の科学では、約八百回の公開霊言をしているが、あまりにもあたり前にやってきたようである。

神に対する尊崇(そんすう)の念や帰依(きえ)の心が失われた時、向(むこ)う側から人間に対して奉仕せねばならぬ、何らの義務もないのである。

今回、神の持つ二面性がかなりはっきり出てきた。

ラ・ムー自身も、自らが造物主であることをはっきりと宣言している。とすれば日本に広がっている派祖(はそ)レベルの仏教とは大きく性質が異なっているといってよい。

人類は信仰の名のもとに、自分たちが救われるための宗教ばかり発展させてきたようである。
心を空しくしなければ、一切の真理は、扉が開かなくなることを、強く感じさせる一書となった。「愛の神」は、自らに「愛を強要する」人類を見はなすこともありえるのだ。

二〇一八年　六月十九日

幸福の科学グループ創始者兼総裁　大川隆法

公開霊言　超古代文明ムーの大王　ラ・ムーの本心　目次

公開霊言 超古代文明ムーの大王 ラ・ムーの本心

二〇一八年二月十六日　霊示
幸福の科学 特別説法堂にて

8　「造物主」ラ・ムーの「人類創造の秘密」　158

9　現代文明への「教訓」と「警鐘」　180

「霊言現象」とは、あの世の霊存在の言葉を語り下ろす現象のことをいう。これは高度な悟りを開いた者に特有のものであり、「霊媒現象」（トランス状態になって意識を失い、霊が一方的にしゃべる現象）とは異なる。外国人霊の霊言の場合には、霊言現象を行う者の言語中枢から、必要な言葉を選び出し、日本語で語ることも可能である。

なお、「霊言」は、あくまでも霊人の意見であり、幸福の科学グループとしての見解と矛盾する内容を含む場合がある点、付記しておきたい。

公開霊言（れいげん） 超（ちょう）古代文明ムーの大王 ラ・ムーの本心

二〇一八年二月十六日 霊示（れいじ）

幸福の科学 特別説法堂（せっぽうどう）にて

ラ・ムー

約一万七千年前のムー帝国の大王であり、地球系霊団の至高神であるエル・カンターレの分身の一人。九次元存在。ムーの人々に「愛と慈悲」の教えを説き、宗教家兼政治家として、ムー文明の最盛期を築いた。『太陽の法』（幸福の科学出版刊）参照。

［質問者四名は、それぞれA～Dと表記］

1　ムー帝国の大王ラ・ムーを招霊する

大川隆法　今回は公開霊言の収録が七百七十七回目ということで、ラ・ムーを持ってきてみたのですが、「難しいのかな」という印象を受けてはいて、（候補としては）「もう少し〝軽い〟方のほうがよかったのではないかな」という気もします。

こういう人の場合には、大講演会でもやるような気分で収録しなくてはいけないので、コンディションづくりがそれほど簡単にはできないのです。

そうは思いましたけれども、トライはしてみます。

（質問者たちに）多少、〝機嫌が悪い〟かもしれないので、気をつけたほうがよいのではないかと思います。朝から人（質問者）に関するキャンセルが生じているので。ただ、それほど〝時差〟はないと思います。

（ゆっくりと手を叩きながら）では、始めましょうか。

ラ・ムー、ムー帝国の大王ラ・ムーよ。

どうぞ、幸福の科学にご降臨くださって、その本心の一部なりとも、お明かしください。

お願いします。

（ゆっくりと手を叩き続けながら、約十五秒間の沈黙）

（手を擦りながら、約五秒間の沈黙）

ラ・ムー（約１万７千年前）
かつて太平洋上に存在したムー大陸の文明最盛期に、政治家と宗教家を兼ね備えた王として治世を行った。ラ・ムーとは「ムーの光大王」の意味。地球神エル・カンターレの魂の分身の一人。太陽信仰とピラミッドパワーによって、霊文明と科学文明の融合した時代を築き、東洋文明の源流となった。

（上・右）映画「太陽の法」（2000 年公開、製作総指揮・大川隆法）で描かれた大王ラ・ムーとムー文明の様子。

2　簡単には本心を明かさないラ・ムー

ムー大陸について「特に言う必要はない」

ラ・ムー　（手を擦りながら何度か息を大きく吐き、手を二回叩く動作を三回繰り返す。約十五秒間の沈黙）

うーん。うん（手を擦り続ける。約五秒間の沈黙）。

質問者A　おはようございます。

ラ・ムー　（手を擦り続けながら）うーん。うん。

質問者Ａ　ラ・ムー様でいらっしゃいますでしょうか。

ラ・ムー　うーん。

質問者Ａ　本日は、記念すべき「七百七十七回目の公開霊言」にご降臨いただきまして、まことにありがとうございます。

ラ・ムー　うーん。

質問者Ａ　本日は、ムー大陸で「太陽の法」を説かれたとされておりますラ・ムー様に、ムー大陸での教えや、ムー帝国の意義、ムー大陸の最期などについて、お訊きできれば幸いでございます。

ラ・ムー　特に言う必要はないと思うんだがなあ。

質問者Ａ　いや……。

ラ・ムー　意味のないことでしょう。

質問者Ａ　そうですか。

ラ・ムー　うん。（ムー大陸が）現に存在しておれば意味があるが、存在していないものを語っても、意味はあまりないのではないかな。

質問者Ａ　大陸の陥没に関するお話は、現代の日本や世界に対する教訓となると思います。

ラ・ムー　いや、別に教訓にはならないでしょう。

質問者A　ならないですか。

ラ・ムー　うん。（地球の）四十六億年の間には、いろいろなことがあったので、そのなかの一つの現象ということですな。

今、ムーを語るのは、ほとんど、霊能系の新宗教、オカルト文献、そんなものだけであり、「ラ・ムー」なんか、今どき言っておれば、だいたい、「商売に行き詰まっている」と思われるぐらいのことであるのではないかね。

ラ・ムーは「エル・カンターレの本体に近い」とされている

質問者A　ラ・ムー様は、エル・カンターレの魂のご兄弟のなかでは、「ご本体に近い」ということを、昔から教えでお聞きしておりました。

ラ・ムー　「本体に近い」っていうよりも、まあ、そろそろ、もう、消滅しなければいけない時期が来ておりましてね。まあ、大川隆法が帰天すりゃあ、ラ・ムーは消えるんじゃないんですかね。

質問者A　そのようにも聞いておりましたけれども……。

ラ・ムー　ええ、ええ。

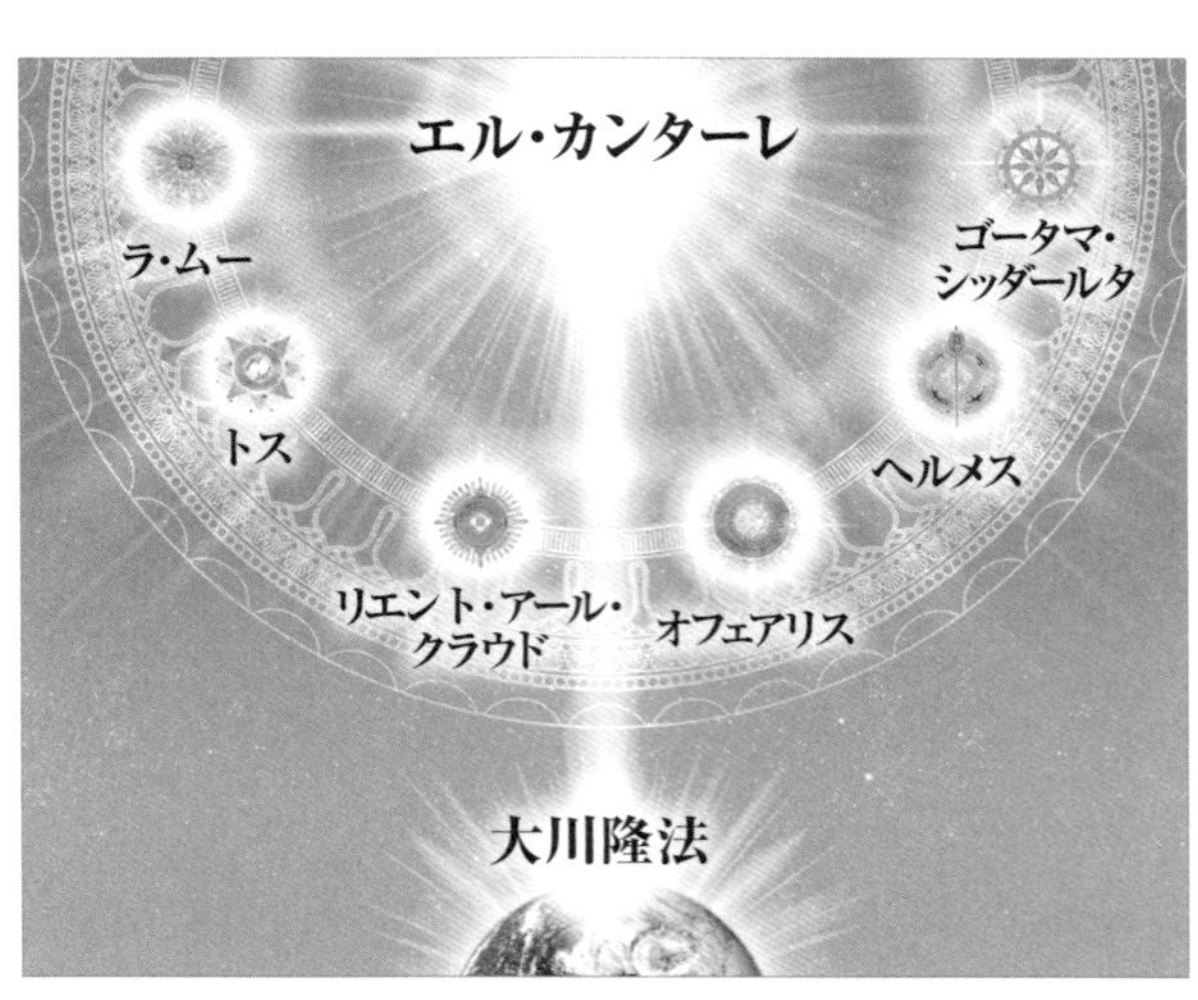

エル・カンターレとは、地球の創世より人類を導いてきた地球の至高神。仏陀やヘルメスなどの魂の分身を幾度となく地上に送り、数多の文明を興隆させてきた。『太陽の法』（幸福の科学出版刊）等参照。

質問者A　（エル・カンターレの本体と）非常に近いお考えを持たれていたと。

ラ・ムー　いや、もう、最後に売れ残った一枚のＤＶＤみたいなものでね。ＣＤ盤かな。骨董屋で、最後の一枚として残っているようなもので、もうすぐ捨てられるよ。ゴミ収集車がやってくればね。

質問者A　ただ、当会では、ラ・ムー様というと、非常に人気のある……。

ラ・ムー　ああ、全然。

質問者A　人気と言ったら失礼でございますが……。

ラ・ムー　まったく人気がない。

質問者A　いえいえ、そんなことはございません。

ラ・ムー　ほかの宗教で利用されて、困っとるのよ。

質問者A　〝一億七千万年前〟のお名前が遺っているのは、すごいことだと思いますけれども……。

質問者B　一万七千年前です。

質問者A　一万七千年前でした。申し訳ございません。

ラ・ムー　オカルト雑誌に使われているぐらいのことなんじゃないのかなあ。

質問者A　分かりました。そのあたりについては、また……。

ラ・ムー　いや、機嫌が悪いわけよ。

質問者A　はい。申し訳ございません。

ラ・ムー　うーん。

ムー大陸の位置に関する質問に答えないラ・ムー

質問者A　ところどころ、お伺いしたいことがあるのですが、よろしいでしょうか。

ラ・ムー　何かね、くどいんでな。話を聞いていても、くどいからさあ。君らは現代人なんだからさ、二千年以前のことは、もう、どうでもいいんじゃないか。

質問者A　ただ、『黄金の法』（幸福の科学出版刊）で、ムー大陸の復活、再浮上が予言されていました。

ラ・ムー　いやあ、そんなことを書くからいけないんで。削っといたほうがいいよ、そんなもんね。

質問者A　ただ、地理的なところには非常に興味があります。ムー大陸は太平洋のほとんどを占めていたわけですか。ハワイからインドネシア……。

ラ・ムー　いやあ、見たようなことを言うじゃないか。

ムー大陸があったとされる場所（囲み部分）

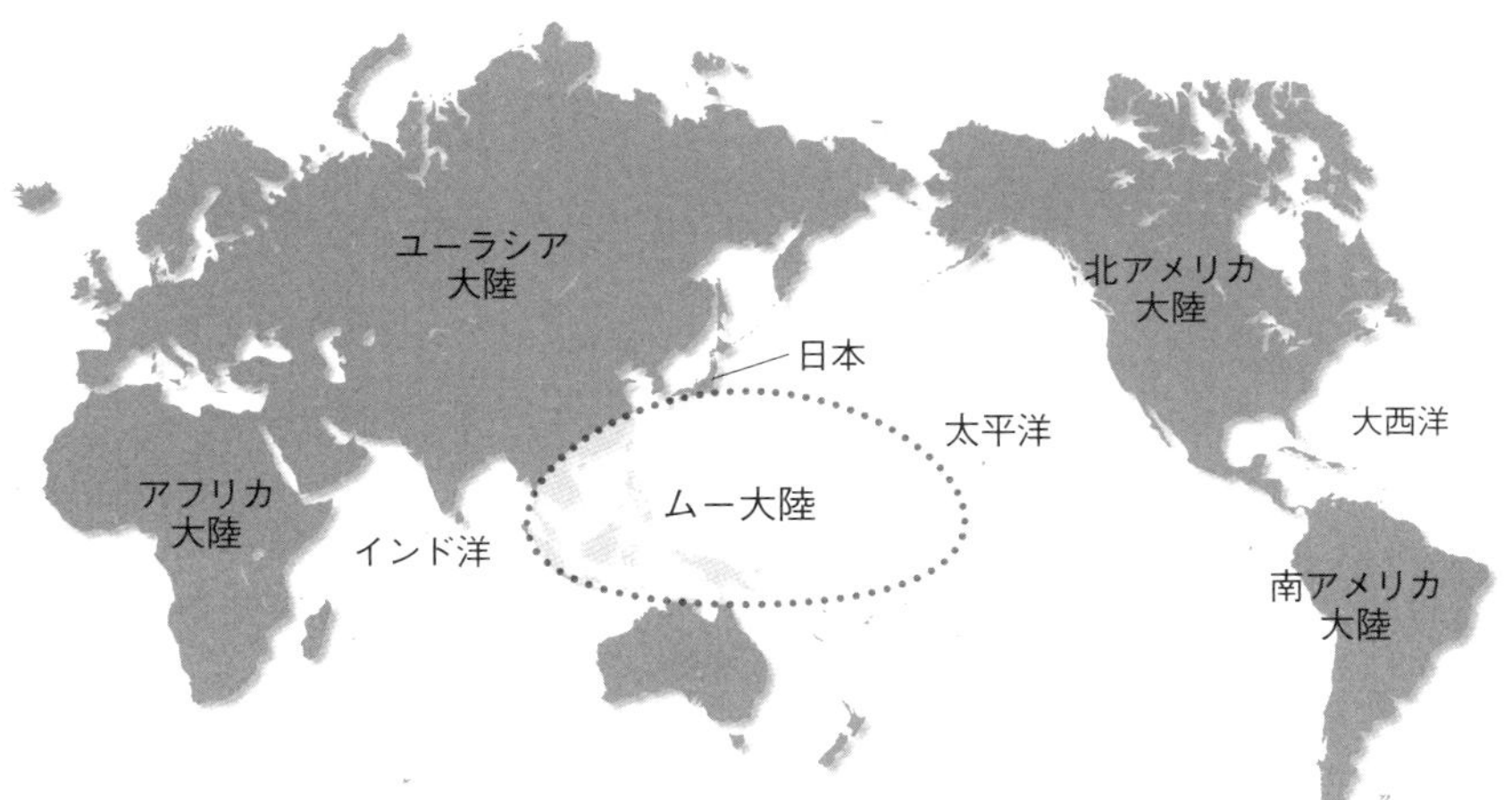

『太陽の法』等を参考に作成

太平洋上にムー大陸は存在していた。

質問者Ａ　そういう噂（うわさ）を……。

ラ・ムー　君、見ていたのか？

質問者Ａ　いやいや……。

ラ・ムー　見ていたの？　ああ？

質問者Ａ　「そのあたりの真実を教えていただければ」と思いまして……。

ラ・ムー　いや、（ムーの時代が）君の記憶（きおく）に残っているなら話をするよ。

質問者Ａ　いや、ないわけです。

ラ・ムー　ないんだろう？

質問者A　はい。

ラ・ムー　だから、何を言ったって、真実かどうかなんて、保証の限りではないじゃないか。

〝機嫌が悪い〟から、気をつけたほうがいいよ。

日本人や中国人等の起源には「関心がない」

質問者B　実は、「日本人の起源」の問題につきまして、ムー大陸は非常に密接な関係を持っております。

ラ・ムー　まったく関心がないね、私には。

質問者B　いやあ（苦笑）。縄文人の「縄文文化」というものが日本にあったわけですが、それは、現在の歴史では、非常に古い文化となっております。

最近、科学的な研究におきまして、ＤＮＡのゲノム（全遺伝情報）を解析した結果、結局、日本人のＤＮＡは、現在の中国人や東南アジア人などとはかなり違うＤＮＡであったことが分かりました。

ラ・ムー　君、見てきたの？

質問者B　いや、見ておりません。

ラ・ムー　そうだろう？

質問者B　科学研究の本を拝読しました。

ラ・ムー　うーん。

質問者B　中国人や東南アジアの方とはかなり違うＤＮＡを持っている〝日本人の特殊性〟が、今、科学的に判明しております。

ラ・ムー　いや、私はＤＮＡを見たことがないから、分からないんだよ。

質問者B　「もしかしたら、ムー文明から流れている、長い長い歴史のなかで、その特異性が日本にも伝わってきているのではないか」と推察されますので、その秘密の一端なりとも、お聞かせいただければと願っております。

ラ・ムー　まったく関心がないね。

質問者B　はい（苦笑）。

ラ・ムー　東南アジアや中国の人たちと、日本人のＤＮＡが一緒（いっしょ）か一緒でないか、私にはまったく関心がない。霊的な存在としての転生（てんしょう）はあるかもしれないけど、「肉体のＤＮＡがどうのこうの」ということは、科学者が勝手に言っといたらいいのであって、わしらには関係がないんだよ、そんなもん。

ラ・ムーの名前が「あちこちで使われすぎている」

質問者B　私たち幸福の科学で学ぶ者には、特に、「太陽の法」という言葉が……。

ラ・ムー　そんな法は説いた覚えがないな。

質問者B　（苦笑）

ラ・ムー　勝手に言わんでほしいな。ええ？

質問者B　ラ・ムー大王様……。

ラ・ムー　一万何千年か知らんが、あとで書かれた本（『太陽の法』〔前掲〕）を、ラ・ムーがもう書いとったって、そんなはずがないでしょう。

質問者B　いや……。

ラ・ムー　（演台を一回叩く）バカなことを言うんじゃないよ、あなた！

質問者B　ははっ。

ラ・ムー　あるわけがないじゃないか。同じ本が（演台を二回叩く）ムー時代にあってたまるか。持ってこい！　あるわけがないだろう？　粘土板(ねんどばん)でもあったら持ってこいよ。

質問者B　現世(げんせ)における経典(きょうてん)『太陽の法』におきましては、一万七千年前、ラ・ムー大王様は民衆の前で……。

ラ・ムー　「大」を付けなくていい。

『太陽の法』（幸福の科学出版刊）

質問者B　分かりました。

ラ・ムー　〝ラーメン〟みたいだから嫌なんだ。

質問者B　（苦笑）当時、ラ・ムー様は「教え」を説かれまして、その内容が、大川隆法総裁のご執筆（しっぴつ）なされた本に書いてあります。

ラ・ムー　そらあ、説いたこともあるだろうよ。だけど、君に何の関係があるんだ。

質問者B　「神は太陽のごとき存在である」とか……。

ラ・ムー　（ため息）

質問者B　「太陽のように愛と慈悲（じひ）に生きよ」とか……。

ラ・ムー　（ため息）

質問者B　「向上の道を歩め」とか……。

ラ・ムー　（ため息）

質問者B　「その三点を説かれた」ということで、私たちは人生の指針とさせていただいております。

ラ・ムー　何だか、私なんかもう、〝ラーメン屋のラ・ムー〟みたいにしか聞こえなくて、もう、〝ラー油〟か何かみたいな感じがするんだな。イメージがな、尊くない。

質問者Ａ　分かりました。では、今日は……。

ラ・ムー　あのねえ、「ラ・ムーの名前」がね、使われすぎているのよ。あっちでも、こっちでもね。もう、ほんとに嫌になるぐらい。

君ら、知らんだろう。ほかの宗教は教義を隠（かく）しているからさあ。みんな、「ラ・ムー」や「ムー帝国」を使いまくっている。真光（まひかり）だの、あのへんだって、ラ・ムーの生まれ変わりみたいなことを言うとるのよ。君ら、知らないいんだろうけどさ。

私は、もう、「名前を出してもほしくない」っていうかな、いやーな感じなんだよなあ、ほんとにな。

どうせ、それは、アトランティス●なんかについても述べている「神智学（しんちがく）」文献、あちらのほうから借用してさ、勝手に教義をつくっとるんだろうけど、われらは、

●アトランティス　大西洋の伝説の大陸アトランティスで栄えた文明。約１万2000年前、全智全能の大導師トスの下で最盛期を迎えるが、約１万400年前に一昼夜にして海中に没した。『太陽の法』参照。

使われまくって、ほんとに不愉快であってね。

質問者A　なるほど。「名称がもう陳腐なものにされてしまっている」ということですか。

ラ・ムー　近所にはラーメン屋の「空海」っていうのもあるらしいじゃないか。

質問者A　はい。

ラ・ムー　だから、「ラー油のムー麺」とか何かをつくったらいいんじゃないか。たぶん、ベトナムのフォー（米粉麺）か何かみたいなものでできているんじゃないか。

質問者Ａ　なるほど（苦笑）。

　ラ・ムーを呼び寄せるためには「盛大な儀式」が要る

質問者Ａ　今日は、「ラ・ムーの本心」ということ……。

ラ・ムー　〝機嫌が悪い〟のよ。

質問者Ａ　はい？

ラ・ムー　機嫌が何となく悪いんだよ。

質問者Ａ　その「機嫌の悪さ」は、なぜなんでしょうか。

ラ・ムー　だから、君たちの七百七十七回は、私と何の関係があるわけよ。

質問者A　（七は）「勝利の数字」ですから。

ラ・ムー　知らん。そんなこと、聞いてない。

質問者A　大川隆法総裁と、ラ・ムー様のご関係において……。

ラ・ムー　むしろ六百六十六回でやってほしかったな。

質問者A　それは、なぜですか。

ラ・ムー　いやあ、それは有名な数字だからね（注。西洋では「666」は「悪魔（あくま）

の数字」などとされている)。
そのときに打ち込んでいただければよかったよ。
機嫌が悪いでしょう?

質問者A　はい。

ラ・ムー　君が家で八つ当たりするときと同じ態度なんだよ。

質問者A　申し訳ございません。

ラ・ムー　ああ。

質問者A　では、どのようにしたら、お話を頂けますでしょうか。

ラ・ムー　分からんな。話の仕方によっては、途中から機嫌が好転する場合もありうるけど。

質問者A　なるほど。では、ちょっと……。

ラ・ムー　だいたいね、「もう一万七千年も〝眠っとる〟人を呼び出して、話をさせよう」っていうこと自体がね、〝悪巧み〟であって、そんなことは思いつきでやっちゃいけないことであってね。「盛大な儀式」をやって呼び寄せなければいけないわけよ、ほんとね。

質問者C　おっしゃるとおりです。

縄文時代より古いムー人は原始人？

質問者Ａ　ただ、最近、ラ・ムー様の時代のお話も、ポツポツと、総裁先生のいろいろな（霊的な）ご捜索のなかから……。

ラ・ムー　いやあ、でもねえ、「ムーの流れが入ってきて、縄文式時代、弥生式時代、こんな文明が開けました」なんて、恥ずかしくって言えるかよ。あんな、粘土を固めて焼いたぐらいの〝あれ〟でしょう？　勘弁してくれよ、ほんとにもう。

質問者Ａ　いや、もっと「高度な文明」が発達して……。

ラ・ムー　（ムー文明は）もっと古いんだろう？　もっと古けりゃ、もっとレベルは低いよ、きっと。

質問者Ａ　いやいやいや、そんなことはないわけです。

ラ・ムー　見たことがあるのか。

質問者Ａ　ありません。

ラ・ムー　ないだろう？

質問者Ａ　はい。ただ、われわれは信仰の下で……。

ラ・ムー　〝空想〟の会話なんだからさ、もう、できるだけ世間に害を撒かず、誤解を撒かず、介入させないようにやっといたほうがええのよ。

質問者A　ただ、ラ・ムー様はご存じですよね、当時のことを。

ラ・ムー　知ってるけどさあ、君らと話（はな）したところでさあ、何の証明にもなりゃしないんだよ。

質問者A　ただ、われわれは、ほとんど黒衣（くろご）のようなものですので……。

ラ・ムー　いやあ、君たちは現代人でしょう？

質問者A　はい。

ラ・ムー　現代人として、ムー人に対して指導すべきじゃないかね。〝原始人〟なんだろうから、われわれは。

質問者Ａ　いや、そんなことはないと思っております。

ラ・ムー　原始人ですよ。

質問者Ａ　原始人だったんですか。

ラ・ムー　そらあそうだよ。だって、二千年前が原始人なんだから、一万七千年前なら原始人でしょうよ。

質問者Ａ　では、ムー文明の方々は、どのようなお姿で生活されていたんですか。

ラ・ムー　だから、「大王だけがラーメンを食べることを許されていた」と、まあ、その程度のもんだよ。

質問者A　なるほど。かなりご機嫌が悪いので……。（ほかの質問者に対して）どうですか。

ラ・ムー　機嫌悪いよ！　○○（質問者B）が来ると聞いたときは、余計、腹が立って……。

質問者一同　（苦笑）

ラ・ムー　□□（月刊「ザ・リバティ」編集長〔当時〕）が（質問者の予定から）〝消えて〟くれたから、ホッとしたけど。

質問者A　○○をご存じなんですか。

ラ・ムー　こいつがね、レベルを下げているんで、いつもね。レベルを下げているんだよ。あんた（B）が来たらな、いつも話が〝漫才(まんざい)〟に変わって……。

質問者B　（Aを指して）この方も、当時、いらっしゃったわけですか。

質問者A　いやいや。

ラ・ムー　この方は、まあ、いいんだよ。

質問者B　（笑）

ムー帝国の直系はどのあたりなのか

質問者Ａ　（会場のＤを指して）では……。

質問者Ｄ　本日は、ご降臨賜り、まことにありがとうございます。ラ・ムー様は、今の日本人の心のルーツであり……。

ラ・ムー　はあ？　そう？

質問者Ｄ　愛と調和とか……。

ラ・ムー　知らん。

質問者D　太陽信仰など、日本神道に流れる教えは、すべてラ・ムー様から来ていると伺っております。

ラ・ムー　全然それは聞いてない。まったく聞いてない。

質問者D　天照様も非常に……。

ラ・ムー　それは勝手な思い込みだろう。

質問者D　（ラ・ムー様を）信仰されておりまして……。

ラ・ムー　まったく聞いてないな。

質問者D　そうですか。ただ、やはり、東洋人の自信の源にあるのがラ・ムー様だと思うので……。

ラ・ムー　（大陸が）沈没して、なんで自信の源になるの？

質問者D　（苦笑）「最も高い悟りを開かれた方のルーツである」ということが……。

ラ・ムー　消え去ったものは、みな、すべて、〝いい人たち〟なんだな？

質問者D　いえいえ。

ラ・ムー　早く死ねば、みんな、「惜しい人をなくした」と言われる。長生きをしたら嫌われる。そういうもんだよな。だから、ムー帝国は、消えたがゆえに尊ばれる。残っておれば嫌われる。

質問者D　ムー文明の時代は、古代であっても、精神性はとても高かった時代だと思います。縄文時代の文明など、そういうものではなく……。

ラ・ムー　そうかなあ。いやあ、君らね、美しい誤解をしているんじゃないかな。「ムー帝国の直系」って言うたら、日本まで来るのは遠いから、ボルネオあたりが直系であって……。

質問者D　そうなのですか？

ラ・ムー　あれは、長らく人食い人種がごく最近まで住んでいた所で、人間を食べていた。そして、骸骨(がいこつ)を集めて喜んどった民族なので、これはレプタリアン（爬虫(はちゅう)

類型宇宙人（るい）の子孫としか思えないんじゃないかな。

質問者D　でも、ラ・ムー様は……。

ラ・ムー　どうした。

質問者D　今日は、どうしてそんなに、ご自身の文明に否定的な……。

ラ・ムー　機嫌が悪いのよ。

質問者D　なぜご機嫌が悪いのでしょうか（苦笑）。

ラ・ムー　機嫌が悪いのよ。

ラ・ムーと日本神道とのつながり

質問者Ａ　日本神道と霊的なつながりはございますよね。

ラ・ムー　それは、たまにはあるだろうよ。

質問者Ａ　例えば、天照大神様は「太陽信仰」なわけですけれども……。

ラ・ムー　ふーん。

質問者Ａ　そういったつながりは、ムーの時代には……。

ラ・ムー　いや、「太陽信仰」はね、世界中でありますよ。

質問者A　ムーの時代にもありましたか？

ラ・ムー　だから、人格神が出る前は「太陽信仰」ですよ、だいたいね。「太陽信仰」でなければ、強い猛獣への「獣信仰」ね。そのあと「人格神信仰」が出るのね。この順序だから。

質問者A　ただ、実際にムーでは……。これも私は見たことがないのですけれども（笑）……。

ラ・ムー　そうだろう？　嘘ばっかり言うなよ。

質問者A　太陽の光のパワーをピラミッドで再生して……。

ラ・ムー　今ある太陽光パネルの発電は、もうすでにあったわけだ。私たちの時代には。

質問者A　それはあったんですか。

ラ・ムー　君らそう言っているんでしょう? ピラミッドに、四角錐か何か知らんが、貼り付けたら、そらあ、発電できるだろうよ。

質問者B　それは当時あったんですか。

ラ・ムー　アホか。

質問者B　（苦笑）

ラ・ムー　「意味的には、そういうことだ」ということだ。

質問者A　そうですよね。

ラ・ムーは「もうすぐ記憶が完全になくなる」？

質問者A　では、そのピラミッドぐらいからお話をお聞かせいただけたら……。

ラ・ムー　ピラミッドなんて、エジプトに行ったらええやないか。石を切って並べとるだけだし、崩れてるよ。なあ？

質問者A　ええ……。

ラ・ムー　「ムー帝国やアトランティスに、超合金か、ガラスが高度に発達した透明の何かでできたピラミッドがあった」とかいうことだったら、歴史は〝逆転〟しているわけで、君らは、どんどん〝原始人化〟していることになるわけだからさ。「それを、ここ百年や二百年で盛り返した」というぐらいの話なんだろうから。今なら、つくれるだろうけどね、おそらく。

　ここ百年や二百年に起きたことを、「一万何千年前にもあった」と思えるかどうかというと、これについては、「九十九パーセント嘘だ」と思ったほうがいいよね、一般的には。

ムー文明のピラミッドパワー（映画「太陽の法」より）

ムー文明では、都市の中心のピラミッドで吸収、増幅された太陽の光エネルギーが各町のピラミッドに放射され、さらに各家庭の屋上にある小ピラミッドに供給されていた。当時の人々は光を「聖なるもの」として崇めていた。

質問者A　「一般的には」ですよね？

ラ・ムー　うん。一般的にはね。

質問者A　ただ、真実はどうなのですか。

ラ・ムー　知らん！　見せることはできないし。

質問者A　ただ、ご記憶（きおく）のなかにある……。

ラ・ムー　いやあ、記憶がもう消えつつあってね。〝アルツハイマー〟にかかっていて、もうすぐ完全に記憶がなくなる。

ムー帝国のシンボルは蓮の花だったのか

質問者B　これも聞いた話であり、「見たことはない」のですが……。

ラ・ムー　ああ、やっと正直になってきた。

質問者B　はい。正直に……。自分を見つめ、反省しました。本当に申し訳ありませ
ん。この短時間ではありますが、反省しております。

ところで、蓮の花というものがございまして……。

ラ・ムー　ないよ。

質問者B　（苦笑）

ラ・ムー　どこにあるの？

質問者B　いや、古代文献からの伝承を見ますと、ムー帝国の一つの象徴、シンボルとして「蓮」があったと……。

ラ・ムー　それは、インドとか中国とか日本とかにあるんじゃないの？

質問者B　もちろん、そうなんですけれども、南方のムー帝国でも、ヤシの木などもありましたが、「蓮」もムー帝国の象徴とされていたようです。

ラ・ムー　ヤシの木と蓮の花が一緒に咲いているわけね。

質問者B　はい。

ラ・ムー　ふーん。ああ、そう。私は見たことがないけどね、ヤシの木のなかに、蓮の花が咲いているのは。

質問者B　いや（苦笑）。そうでございますか。

「ラ・ムー・ザ・グレイテスト」は私だけ

質問者B　それでは、質問の角度を変えます。

釈尊、ゴータマ・シッダールタ、仏陀は、二千六百年ほど前に、インドのほうで尊い法を説かれました。

「ラ・ムー様の教え」と「釈尊の八正道の教え」などが、非常に似ているというようにも教わっておりますが……。

ラ・ムー　ああ、まったく関係がないですね。

質問者B　（苦笑）

ラ・ムー　まったく関係がないですね。私は、ああいう〝細かい〟作業をする人は好きでないので。

質問者B　え？　釈尊がですか。

ラ・ムー　八つもやらせたら、覚えられないじゃないか。

質問者B　ラ・ムー様は、三つに絞られた（ラ・ムーの三正道●）と聞いております

●ラ・ムーの三正道　「愛を人に与えたかどうか」、「今日一日、神あるいは神近き高級霊といわれる守護・指導霊と心を通わすことができたかどうか」、「今日いったい何を学んだか」という三つの観点からの反省行。『幸福の科学の十大原理（下巻）』（幸福の科学出版刊）参照。

けれども。

ラ・ムー　まあ、猿（さる）と人間が覚えられる限度は三つだな。

質問者B　はあ。その三つのなかで、ラ・ムー様が特に集中されていたもの、「これだ」というものは何かあったのでしょうか。

ラ・ムー　「編集局は第一から第三まであればよい。あとは要（い）らん」と……。

質問者B　現に五つから三つになりましたけれども（苦笑）。

ラ・ムー　まあ、そんなもんで、三つ以上のことを言って話をしても、覚えられないんでね、人間はね。

質問者B　先ほどのお話で、「太陽信仰」「強い動物信仰」「人格神信仰」など諸々(もろもろ)ございましたけれども、ラ・ムー様は、なぜ、教えのテーマとして「太陽」を選ばれたのでしょうか。

ラ・ムー　（約五秒間の沈黙）別に、君ら、聴いていたわけじゃないんだからさあ。その質問は成り立たないでしょ。

質問者B　ただ、何か、私たちに……。

ラ・ムー　君は、転生の過程で私の説法(せっぽう)を聴いたのを思い出したのか。

質問者B　何となく、こう、雰囲気(ふんいき)としてですね、心の奥(おく)に……。

ラ・ムー　それは、君らのアニメ映画に登場しただけだろうが。

質問者B　アニメ映画はご存じなんですか。

ラ・ムー　ああ、知ってるよ。

質問者B　観(み)られて、どんな感じの印象を持たれましたでしょうか。

ラ・ムー　うーん。まあ、うーん……。〝ちゃっちい〟な、何か。うーん。

質問者B　ただ、映画「太陽の法」では、一万人以上、数万人とか、すごい数の民衆が神殿(しんでん)前に集まりましたけれども。

ラ・ムー　いや、そんなに話は聴いてくれないよ。

質問者B　え？

ラ・ムー　そんなに話は聴いてくれない。

質問者B　そうですか。

ラ・ムー　話を聴きに、そんなに来るわけないでしょ。だから、それは、オーバーに言ってるだけだ、希望的観測でね。

アニメ映画「太陽の法」のなかで描かれた、神殿前に集まる民衆に向けて説法をするラ・ムー。

質問者B　ただ、古来の伝説、古文書等で伝わっているものなどを見ると、ムー帝国は、幾つもの植民地等を持っていたり、あるいは、オーストラリア大陸の二倍の大きさがあったりと、非常に大きな帝国であったというようにもお聞きしております。

ラ・ムー　うーん。

質問者B　ムー帝国を国王として治められたラ・ムー様は……、まあ、「ラ・ムー」とは「ムーの光大王」という意味だと……。

ラ・ムー　いやあ、歴代みんな「ラ・ムー」って言ってたのよ。

質問者B　歴代「ラ・ムー」なんですか。

ラ・ムー　うん。歴代「ラ・ムー」よ。「ムーの王様」っていう意味だからね。

質問者Ｂ　ああ、なるほど。固有名詞……。

ラ・ムー　だから、さっきも言ったけど、まあ、「大王」と言われたのは私だっていうことであってね。

質問者Ｂ　「王のなかの王」ということですか。

ラ・ムー　うん、うん。「ラ・ムー・ザ・グレイト」なんだよ。「ラ・ムー・ザ・グレイテスト」だよ。

質問者B　ムー帝国の歴代の王のなかで、「大」が付いたのは一人だけだということですね？

ラ・ムー　うん。だから、「グレイテスト」なんだ。「グレイテスト・ワン」。

インド洋の南にあった「レムリア大陸」と混同されているムー大陸

質問者B　なぜ、「大」と言われたんですか。

ラ・ムー　何が？

質問者B　いや、「大」って……。

ラ・ムー　王様が歴代ずっと続いているでしょ。凡庸（ぼんよう）な人がいっぱい続くじゃない？　皇室と一緒で。そのなかで、目立った人は、そういうふうになるっていうことだな。

質問者B　ただ、王に「大」が付くには、何か大きな施策とか、何か一手を打たないと、そのようにはならないと思いますけれども。

ラ・ムー　いやあ、知らんなあ。それは分からん。

質問者B　（苦笑）一万数千年間、伝説として伝わってきていて、大洪水で流れたあともまだ遺っているということは、その威徳が非常に大きいものだったからだと思います。その徳の光の一部でも、私たちに学ばせていただければ……。

ラ・ムー　今まで聞いてて分かるでしょ。「徳」なんかまったくないでしょ。

質問者A　いえ、いえ。

ラ・ムー　君たちを鞭打ちたい気持ちでいっぱいだからさ。

質問者A　申し訳ございません。

ラ・ムー　だから、「徳」なんかまったく感じられないでしょ。

質問者A　いや、ただ、ラ・ムー様が実在したという証拠になる文献が、世界各地にはあるんですが。

ラ・ムー　いやあ、オカルト文献が多くってねえ。そういう、「霊能力で過去世を繙いた」みたいな人が多くってねえ。

質問者Ａ　ムー大陸から逃げ延びた方が、その歴史を語るに当たって、ラ・ムー様のことを語られていた可能性は高いと……。

ラ・ムー　でもねえ、ムー帝国とね、それともう一つ、南洋というか、インド洋の南にね、もう一つ……。

質問者Ａ　レムリア（ラムディア）ですか。

ラ・ムー　レムリアがあって、アフリカとの間に

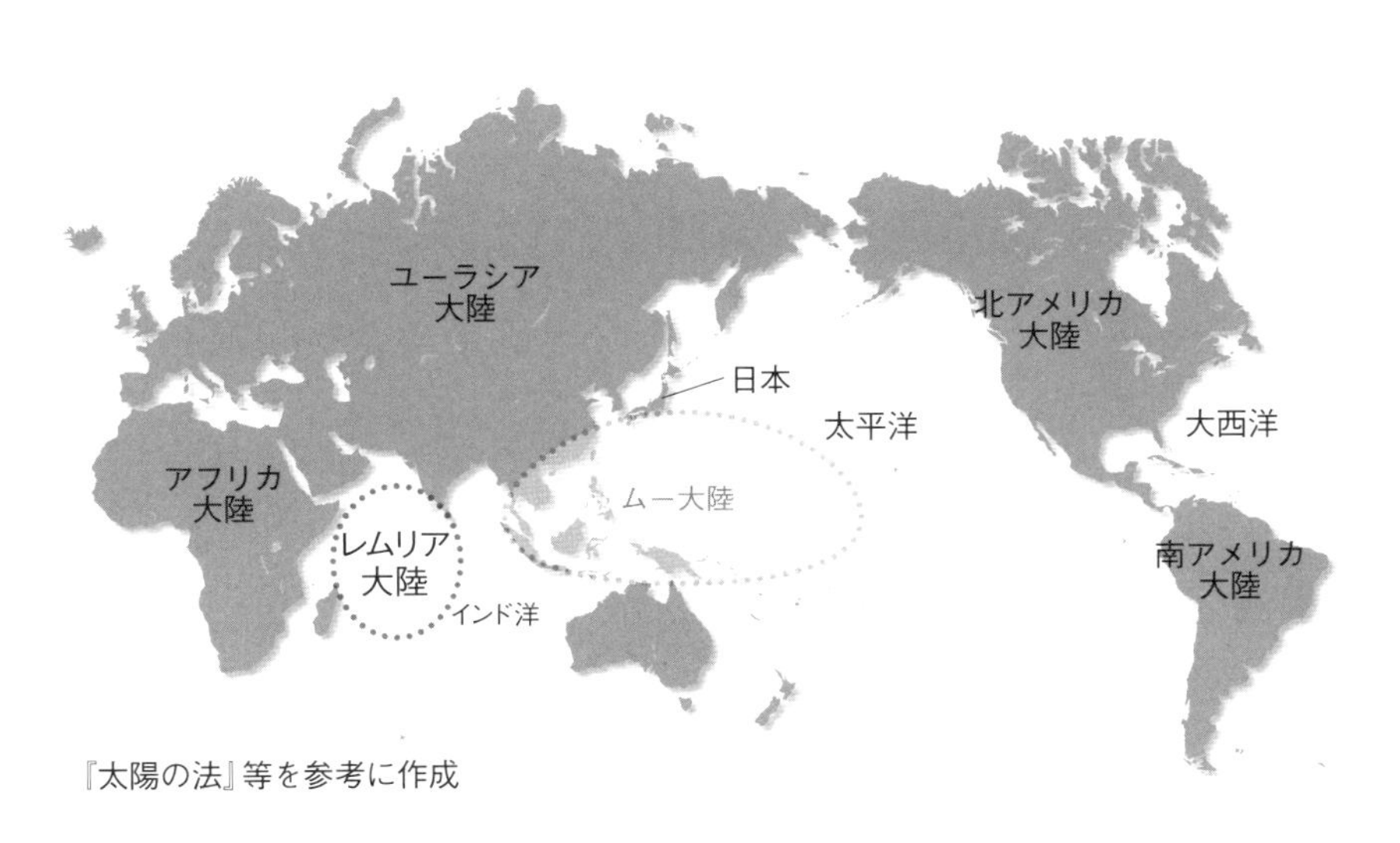

『太陽の法』等を参考に作成

ね。「レムリア大陸」っていうんで、もう一つあるんだよな。
これとの混同も激しくてね。混同されていることが多くて、まあ、ちょっと、あまり愉快ではない。どっちがどっちか、よく分からない。

質問者A　なるほど。世の中の人は、その違いが分かっていないということですよね。

ラ・ムー　うーん。

質問者A　レムリア●では、学芸とかそういうものが流行っていて、ムーはその植民地だったというように……。

ラ・ムー　はっきり言ってもいいんだよ？「ムーは、タロイモをつくってた」と

●レムリアでは……　『太陽の法』によると、およそ2万7千年前、高度な文明を持ったレムリア（ラムディア）の人々は、ムー大陸の諸都市を植民地化し、ムーの人々の一部を奴隷としてレムリアに連れてきて、自分たちは学芸に酔いしれていたとされている。

か、そんなのでもいいんだよ？

質問者A　幸福の科学の教えでは、当初、ムーの文明はそれほど栄えていなかったけれども、そのあと徐々(じょじょ)に栄えてきて、ラ・ムー様のころに最盛期を迎(むか)えたとされています。

ラ・ムー　だからね、寒い地域に住めるようになるには、ちょっと文明が進化しなきゃ無理なのよ。寒い世界で住むには、やはり衣食住に関して進歩がなければ無理なので。暖かいところだと裸(はだか)でも暮らせるからね。だから、原始人的な人は暖かいところのほうがいいわけよ。キングコングもゴジラも暖かいほうから出てくるんであってな。

質問者A　当時、ムー大陸は暖かい赤道近くにあったということでいいのでしょうか。地球の地軸（ちじく）は、今と同じような状態であったのでしょうか。

ラ・ムー　それは、でも、ほんとかどうか分からないよ。南極が今は氷に覆（おお）われているけども、もし地軸が移動してたらさ、実はムー帝国が南極の下にあるかもしれないんだからね。

「沈没した」って言ってるけど、そらあ、沈没はしただろうけどさ。上に氷が張ってしまって、あるいは、そのまま残ってるかもしれない。

「地軸が移動した」なんて、地球に住んでる人には分からないからね。

質問者A　もし当時、今の地軸と同じようなかたちであれば、熱帯から温帯にかけての巨大（きょだい）な大陸だったということでよろしいのでしょうか。

ラ・ムー　うーん。何にも説明することができないっていうか、証明することができないので。

まあ、私は、「できるだけ、あなたがたにオカルティストになってほしくない」という一念で、なるべく深入りさせないように〝ブロック〟しようとしているんだけども。その〝ブロック〟を破れるもんなら破ってみろよ。そうしたら教えてあげるからさ。

質問者Ａ　なるほど。極めて合理的な精神を持たれた……。

ラ・ムー　だって、要らないじゃん。幸福の科学にとっては、ムー文明なんてどうでもいいよ。

質問者Ａ　よろしいんですか。

ラ・ムー　これは神智学・人智学のほうでも言っているし、ヒマラヤのほうの教えにも入ってるし、それから、日本の幾つかの教団にも入ってますよ。古い霊能力系の教団にも、この教えは入っているんだけど、どれも嘘八百が多くて、もういいかげん、迷惑(めいわく)してるんで。

「ラ・ムーの生まれ変わり」なんていうのは、あっちもこっちもいっぱい出ているんだよ。そら、そうなんだよ。「ムーの王様」っていうだけだったら、いくらでもいるから。

質問者A　それだけ、魂の郷愁(きょうしゅう)のなかにムー大陸というものが残っているということではないのでしょうか。

3　ラ・ムーが説いた「心の教え」

「ラ・ムーが跪いて祈る相手などいない」

ラ・ムー　たまにいいことを何か言ったら、機嫌が直るからね。たまに光の言葉を一言ぐらい言えよな。

質問者C　今、ラ・ムー様のお話をお伺いして、まず、われわれは、神様の言葉を受けるときに、「大川隆法総裁先生を通して高級霊の言葉を受け取るということを、いつも当たり前のように思ってしまっていた」と感じました。

ラ・ムー　ああ、君、ちょっとだけ〝まとも〟じゃないか。まともな人が一人だけいる。

質問者C　こうやって、ラ・ムー様とお話しさせていただいていることも、当たり前ではないということを……。

ラ・ムー　そう、そう。会える関係じゃないんだよ。分かる？　ピラミッドというものがあるとしたら、その上にいるのに、下にいる人たちが質問なんかできるような立場にないということを知るべきだ。

質問者C　はい。今回は、そのようななかで貴重な機会を頂いたので、少しお話を伺わせていただければと思っております。

ラ・ムー　うーん、まあ、少し言葉が丁寧になってきた。

質問者C　よろしくお願いいたします。

ラ・ムー　うん。はい。

質問者C　これから未来の文明をつくっていくに当たって、大川隆法総裁先生が『太陽の法』などで説かれたムー文明やアトランティス文明等、過去の文明と同じような失敗を繰り返さないようにし、また、過去の文明のよいところを活かして、さらなる発展をしていきたいと考えています。

『太陽の法』では、ムー文明の最盛期をつくられたラ・ムー様は、「高級霊たちと心の対話をして国を統治された」「毎晩、神殿で跪いて、高級霊たちと心のなかで対話をされた」と説かれていますが、こうしたお姿に学ぶところがかなり大きいと思っております。

ラ・ムー　うーん、まあ、気持ちは分かるが、私が相談する高級霊って、誰よ？

質問者C　それは、エル・カンターレ……。

ラ・ムー　どこにいるのよ？　呼んできてくれよ。

質問者C　私が呼ぶというのは、難しいと思いますけれども。

ラ・ムー　君らが跪いて祈れば、君らには高級霊がいるよ。ね？　意見を言ってくれる。

質問者C　はい。

ラ・ムー　ラ・ムーが跪いて祈る相手がどこにいるのよ？　呼んできてくれ。

質問者C　これは、やはり、エル・カンターレと……。

ラ・ムー　エル・カンターレと言ったってねえ、（私と）「同一人物」なのに、何言ってるの。

質問者C　ラ・ムー様は、エル・カンターレという大きな存在のいわゆる一部、分霊と……。

ラ・ムー　「自問自答」したらいいだけのことじゃないか。

質問者C　自問自答されていたのですか。

ラ・ムー　うーん、君らに分かるように軽く書かれているやつを、あんまりまともに受けすぎてるんじゃないか。

質問者C　なるほど。そういう面もあるのかもしれません。

ラ・ムー　ラ・ムーがね、君らが言うように、一万七千年も遺(のこ)るような人であるなら、もうちょっと「超越(ちょうえつ)した存在」でなければおかしいわな。

だから、君ら、だいたい、〝派祖(はそ)〟だよな。分派した宗教の教祖ぐらいが、教団を開いたときの根本(こんぽん)の、そうした大長老の霊に伺いを立てるような気持ちで言ってる。まあ、宗教はそういうところが多いけどね。

ラ・ムーが語る「瞑想（めいそう）の本質」

ラ・ムー　私らは、そんなレベルじゃないので。そういうふうに、外にあるものと対話してると思ったら大間違（おおまちが）いだね。

「自分自身を知る」ということは、「宇宙を知る」ことと一緒（いっしょ）なんだからさ。

自分自身のなかに、宇宙へとつながる道があって、すべての叡智（えいち）の宝庫につながる道があるんだよ。その鍵（かぎ）をつかむことができれば、開けることはできる。それを持っていない者には、開けることはできない。まあ、そういうものなんだな。

君らは、まだ、マンションのさあ、一階、二階、三階、四階、五階、六階、七階、八階、九階みたいな感じで、住んでるようなつもりでいるんだろうけど、実際は、そんなふうにはなっていないんだよ。

人間の心っていうのはね、いわゆる「タマネギ構造」になっていてね。いちばん外側は三次元、肉体の部分だけど、四次元、五次元、六次元、七次元、八次元、九次元、そして、十次元からそれ以降まで、精密に言えば、二十次元を超えるところまで、なかに入ってるんだ。実は、「自分自身を探究することで宇宙の中心につながる」んだよ。

君らが、外にいる他者と瞑想して交信しているというふうに考えるなら、それは間違いですよ。「自分自身のなかを見つめて、自分自身のなかに入り込んでいくこと」なんですよ。それが大事なことで、それが「瞑想の本質」なんです。

他者と会話しているのは、まだ瞑想まで行ってないレベルで、それは死者との交信であってね、まだ「霊界通信のレベル」だな。

私たちのレベルは、そんな霊界通信のレベルではないんでね。

「いかにして、自分の内なる扉を開いて、宇宙の

神殿で瞑想するラ・ムー（映画「太陽の法」より）。

中心にあるところの叡智に辿り着くか」ということが問題なわけなんでね。できるだけ、ザワザワとした諸々の衆生たちの雑想念を祓い、「祓いたまえ。清めたまえ」で、そういう世界に入らなきゃいけないわけだからなあ。

だから、（私を）君らが思ってるような王様だと思ったら、大間違いかもしれないね。

質問者C　ありがとうございます。私の質問が稚拙だったと反省させていただいております。

「相等しきを見るように」と教えていたラ・ムー

質問者C　もう一点、お伺いしたいのは、当時、ラ・ムー様は国民や民衆にも、今のお話のように、「自分自身の心を見つめ、自分の内なる扉を開いて、宇宙の中心にあるところの叡智に辿り着きなさい」ということで……。

ラ・ムー　それは無理でしょう。

質問者C　では、国民に対しては、どういう思いを持つように指導されていたのですか。あるいは、国民に求めるものには、どういったものがございましたか。

ラ・ムー　うーん、まあ、いちおう、「部族の違い」はあったからね。幾つかの部族はあったから、その部族の融和も図らねばならんということはあったし。

やっぱり、魂の問題は信じてはいたけれども、「魂における転生輪廻が部族を超える」ってことを考えなければいけない。ある部族が他の部族に対して圧倒的優位に立って、攻め滅ぼすようなことがあったとしても、それで自分らが勝利したと思えば、今度は虐待した、その部族のほうに生まれ変わることもあるわけで、結局のところ、トータルでは骨折り損になることになるからね。

だから、「違いを強調していさかいを起こすのではなくて、なるべく違いを超克して、相等しきを見るようにしなさい」ということは言っておったかな。

質問者A　当時、部族というのは、ムー大陸のなかで幾つか分かれていたのでしょうか。

ラ・ムー　将来的に言えば、それは、アフリカとつながってるもの、中東とつながってるもの、ヨーロッパのほうとつながってるもの、アジア、ロシア系、それから、遠くはアメリカの南北とつながってるもの、いやあ、すべての地域にはムーからの流れは入ってはいますよ。

4　ムーの時代に〝核戦争〟が起きた？

地球上の争いに使われることが多かった宇宙人の高度な技術

質問者A　ムー帝国は大きな国だったと思うのですが、対立する国はあったのですか。

ラ・ムー　うーん……。そうだなあ、長い歴史のなかでは、あったと言えばあったわな。

一緒にされることが多いレムリアや、あるいはアトランティスなんかと、場合によっては、うまくいっていなかったときもあることはあるわな。

質問者Ａ　当時、やはり、戦争というものもあったのではないかと。

ラ・ムー　それはあっただろうよ。

質問者Ａ　ムー大陸の時代か、そのあとかは分かりませんが、「核戦争みたいなものもあった」というような話も聞いているのですけれども。

ラ・ムー　ああ、核戦争か。うーん、これは話せば長くなるからなあ。君らはまだ、人類の「進歩史観」を信じているんだろう？

質問者Ａ　まあ、大勢はそうだと思います。

ラ・ムー　まあ、そうだろうけどね。実際、宇宙人のリーディングをいっぱいやってみたら、宇宙船に乗って遠くからやって来れたような高度な文明を持った〝人間〟が、地球に降り立つや否や、原始人に返っていく姿から、「原始人からさらに動物に姿を変えていく」とかが出てきているから、これは「退化史観」かもしれないからね。

　人類として生き残れたのは、一割もいないかもしれないので。退化して人類として生き延びたものも、そのほとんどが、いわゆる原始人へと身を落としていったので、そのなかで文明人として維持できたところは極めて少ないわな。

だから、何度も「堕落して」を繰り返していて、そのつど、ときどき宇宙のほうから新しい人たちが来て、「文明の引き上げ」をやるんだけども、それがまた新しい争いの種になるというようなことは、繰り返しあるわな。

　まあ、核兵器っていうのは、今のと同じかどうかは別として、現実には、惑星間

『宇宙人リーディング―よみがえる宇宙人の記憶―』（幸福の科学出版刊）

『宇宙人体験リーディング』（幸福の科学出版刊）

戦争等はもうずいぶんやってきていたからね。だから、それだけの大きなものは持っていただろう。

何とか、地球を、多様な惑星からの生存者たちの一つの避難所というか、サンクチュアリにしようという努力はしてきたんだがなあ。まあ、失敗は多かったわな。

核戦争は、例えば、古代のインドでもあったらしい記述が、『マハーバーラタ』とかにも載っているから。空中から地上を見下ろしているシーン、地上が焼け野原になり、灰になるシーンを見ていた記述が著されているから、これは、現代で見れば、航空機から核爆弾が落とされた状態と同じ情景を見た人が古代にいるということだな。

そういうことがあるので、まあ、宇宙から飛来した人たちは、高度な技術を持っている。それを貸し与えられたり、使わせてもらったりしてもいるけれども、たいていの場合、地上の憎しみの総決算に使われることが多くて、結局、両倒れ、共倒れになっていくことが多かったっていうことだな。

だから、ムーにも（宇宙人が）行ったのかどうかは知らんけれどもねえ。まあ、君らが今、誤想して、想像して、信仰しているようなムー文明なんていうものがもしあるとしたら、今の日本や中国や韓国や、こんなものはなくてもいいんだからさ。まあ、ちょっと違った方向にそれぞれ変化はしていっているんだろうね。

質問者A　実際に、ムー文明のころに核兵器は使われたのでしょうか。

ラ・ムー　「核」とは言ってなかったよ。

質問者A　核と似たような……。

ラ・ムー　核とは言ってないけどさ。核とは言ってないけど、まあ、「惑星を一つぐらいは吹っ飛ばす」ぐらいのものはあったことはあったんでね。

ただ、時間がたつうちに……、だから、それをそうさせないようにするためには、どうしたらいいかっていうことで、〝原始人〟化していって、あと、〝野獣からの防衛戦〟のほうに切り替えさせていくしかなかった面が、かなり多かったっていうことさ。

質問者Ａ　なるほど。

他の星の文明をどの程度まで地球にブレンドするか

質問者Ａ　そのようなことは、ラ・ムー様の時代にも、実際にあったのですか。つまり、高度な文明を持った者が宇宙から飛来してきたということが。

ラ・ムー　（約五秒間の沈黙）うーん……、まあ、いつの時代にも来てるから、それは来ていたことは、そうかもしれないけども。何て言うかなあ、私らのころは、うーん……、ちょうど、ほかの惑星で潰れたところもあって、逃げてきた人たちがいたようには思うがなあ。
おそらく……、だからね、プレアデス系も一つ潰れたし、レプタリアン系も潰れたところがあるんだよ。

質問者A　はい。

ラ・ムー　それから、もう一つ……、何だ？　君らの好きな……、ああ、ベガか。ベガも伴星の一つは滅ぼされたこともあるし。宇宙でも、いろいろと「侵略」と「防衛」は繰り返しやっていたので、逃げてくる者たちは、けっこう多かったな。

質問者A　はい。

ラ・ムー　あと、追っ手として来る者もいたのでね。

だから、価値基準としてね、どっちを護るかっていう、「逃げてきたほうを護るか」、「追ってきた者と組むか」、いちおう、考え方はあるだろうね。

それは人間関係の問題なんで、どうするかであるけど。逃げてきた者をかくまえば、追ってきた者が攻めてくることもあるからね。

質問者A　うーん。

ラ・ムー　だから、うーん……、「地球の文明に他の星の文明を入れるとしたら、どの程度までブレンド（混合）すべきか」っていう、〝ブレンドの比率〟がな、これが、エル・カンターレの仕事だからさ。

例えば、どの程度まで、プレアデス系の教えを入れるか、ベガ系を入れるか、マゼラン系を入れるか、それから、アンドロメダ系を入れるか。こういうブレンドの仕方が、エル・カンターレの考えだからさ。

5　ムー文明には宇宙人技術が関係していた

ラ・ムーの時代には「稲作（いなさく）」や「飛行船の原理」がすでにあった

質問者Ａ　そうすると、ラ・ムー様の文明では、宇宙との交流がかなりあったと考えてよろしいのでしょうか。

ラ・ムー　いやあ、たまにはあったがね。大多数はね、君、タロイモよ。

質問者Ａ　なるほど。

ラ・ムー　うん。君らはみんなタロイモをつくっとったから。

質問者A　ああ、そうですか。

ラ・ムー　うーん。タロイモをつくって。肥(こえ)を担(かつ)いで、撒(ま)いてな、大きいタロイモをつくって、それを粉にして、焼き上げたり、干しイモにしたり、保存食に変えたり。大多数の人たちはそうよ。

それから、酒に変える方法もあったから、たまには酒もつくっておったわな。イモ酒を、君らは（過去世(かこぜ)で）つくっとったわな。

質問者A　はあ。

ラ・ムー　あとは、農耕としての「稲作」はかなり、すでに進んでいたので。

質問者Ａ　稲作が主流だったのですか。

ラ・ムー　稲作はあったし、大麦、小麦も、もう穫(と)れていたので。そういう稲作業と、イモづくりと、それから、そういうものからお酒をつくる能力。

質問者Ａ　お酒ですね。

ラ・ムー　それから、あとは、そうした発酵酒(はっこうしゅ)系統からアルコール部分をつくり出して、それを、もうちょっと燃料的なものに変えたり、発光物に変えるっていうか、まあ、光だな。光に変えるような技術と……。

質問者Ａ　光に変えるんですか。

ラ・ムー　うん、燃やす。だから、アルコールをつくり出して燃やすというようなことはやっていたし。

あとは、「ガスの利用」だな。ガスを燃料に使う場合もあったが、やっぱり、飛行船の原理みたいなものは、もうすでにあったので。

質問者A　飛行船はあったんですね。

ラ・ムー　ああ、もうあったので。

だから、空気よりも軽いガスだよね。空気より軽いガスをつくり出すことで、飛行船の原理は、すでにあった。

まあ、これも一部、実用化されていて、他の大陸に渡るときに使われていたということは言えるね。

質問者Ａ　大陸を横断するぐらいの飛行船があったということですね。

ラ・ムー　うん、うん。偏西風（へんせいふう）に乗って行けば、ちょうど中南米あたりには着きやすかったわね。

質問者Ａ　中南米との交流というのはあったんですね。

ラ・ムー　うーん。まあ、こちらからは風に乗って行けばね、行けたね。中南米からは、さらにまた、海を渡って、アフリカとかヨーロッパの南のほうに行くことはできたし、そっちからまた陸上を回ってくるっていうか、インドのほうにまで回ってくることもあったから。

まあ、「世界一周」みたいなことは、すでに行われていて。コロンブスなんか関係なく、われわれの時代には、もう、それは行われていることではあったな。

質問者Ａ　なるほど。

ムー文明の驚くべき科学技術の数々

質問者Ａ　現代には、今、おっしゃったような歴史観はありませんけれども、当時には、もう、「地球は一つであるという認識はあった」ということですね。

ラ・ムー　それはあるよ。だから、君たちは、どんどん原始化されていった流れのなかで、今、座っているわけだから。今、毛皮に替わって布を着てるだけだからさ。

質問者Ａ　ああ、はい。

ラ・ムー　だから、人類の歴史を言えば、「高みができて落ち込んで、高みができ

て落ち込んで、高みができて落ち込んで」っていう流れで、一直線上に斜め(なな)に上がってるような文明ではないっていうことだな。

まあ、この一八〇〇年、一九〇〇年、二〇〇〇年代まであたりは、ちょっとね、ムーとかアトランティスなんかの最盛期に近づいている感じではあるけど、二、三百年だな、せいぜいな。

質問者Ａ　同じぐらいの文明だったということですね。

ラ・ムー　かたちがちょっと違う(ちが)から、一緒(いっしょ)じゃないのだけども。まあ、理解できるレベルとしては、わりに近いかな。

質問者Ａ　なるほど。

ラ・ムー　例えば、君らは映画とかをやってるだろう。映画を観(み)たりするのに、まあ、建物のなかで映画をやったりしてる。だけど、私たちは、「空中映画」とかをやれていたので。

質問者Ａ　空中映画？　空中にスクリーンをつくる？

ラ・ムー　うーん、そう。まあ、夜が多いけどね。夜に、例えば、海岸方面のほうに空中スクリーンをつくって、そこに映写する技術みたいなものを持ってたんだよ。

質問者Ａ　なるほど。

ラ・ムー　だから、映画館じゃなくて、外側で、外で観れるような、空中映画みたいな技術はあったね。

質問者B　われわれの印象よりも非常に文明が進んだ、「科学技術」というものがベースにあって、いろいろな生活レベルで、それがすでにできていたような時代だったということでしょうか。

ラ・ムー　というか、もし理解できなかったら、「宇宙人との交流」は無理だね。君たちじゃ、まだ十分に交流ができていないから、少し足りない部分はあるんじゃないか。

質問者A　そうすると、霊界科学というものが多少なりともないと、交流できませんよね？

ラ・ムー　うん。まあ、霊界科学もそうだけども、この世的に見ても、まだちょっと足りない部分はあるわな。

質問者A　それは……。

ラ・ムー　宇宙にロケットを打ち上げるのにも、君らは、あれだけ大変な作業をしてやってるじゃないか。

質問者A　はい。

ラ・ムー　なあ？　大きなやつを切り離しながら（宇宙に）出ていって、やってるけど。それを、（宇宙人は）空飛ぶ円盤みたいな、自家用車みたいなので降りてくる連中だから、それはだいぶ違うわね。
だから、タクシーと、マッハ幾らかで飛ぶ超音速ジェットみたいなものとが、同じように考えられるかどうかっていうことだわな。
（現代文明の）ヘリコプターなんかも、よく飛んでは落ち、飛んでは落ちしてて、みっともない姿をさらしているけど、あれじゃトンボのほうが上だわな、はっきり言やな。あんなみっともない技術は情けないいな。

神話・伝説に出てくるような生き物もいたラ・ムーの時代

質問者B　では、現代科学、現代文明との決定的な違いは、「ムーのときには、そうした宇宙から飛来する者たちを受け入れる土壌（どじょう）があった」ということでしょうか。

ラ・ムー　うん。それはあったよ。

質問者B　地球に避難（ひなん）してきた宇宙の生命体を登用したりしたことはあるのでしょうか。

ラ・ムー　チッ（舌打ち）、しょうもないことを訊くね。

質問者B　えっ？

ラ・ムー　しょうもないことを、君は訊くね。ジョン万次郎か何かの観すぎじゃないか。

質問者B　いや、現在の（幸福の科学の）理事長（収録当時）が、一万七千年前に……。

ラ・ムー　キングコングをやってたって？

質問者B　地球に来られまして、そして、ラ・ムー様の大きな器のなかで回心をされ、●ムー帝国の防衛大臣の一人として活躍されたというようなことも言っていたのですけれども。

ラ・ムー　いや、キングコングみたいなものを飼ってたことはあるよ、防衛用に。

質問者B　本当ですか。

ラ・ムー　うん。

質問者B　それは、宇宙から飛来した者ですか。そうではなくて、防衛用に、そういう……。

●ムー帝国の防衛大臣の一人として……　『レプタリアンの逆襲Ｉ』（幸福の科学出版刊）参照。

ラ・ムー　「宇宙起源」と言えばそうかもしれないね。ビッグフットのもとだから、そうかもしらん。

ただ、あとは、新しくは「象軍」を使ってね。象を使って、戦車みたいに蹴散らかすのは、インドとかアフリカでもやっていたけども。

その前は、やっぱり、キングコングはいたよ。だから、実際上、大きなゴリラはいたね。それは飼ってたね。やっぱり、敵軍みたいなところに、戦車代わりに放つようなことをしてたことはあったね、確かに。

宇宙から来た者で、重力に差があって、食糧に違いがあって、体が大きくなった者も、いることはいるわね。私たちの時代には、もうちょっと大きな生物が存在はしていたので。今はもう、ほとんどいないけどね。今は、食糧が少し薄くなってというか、少なくなっているので。

質問者Ａ　〝今は、ほとんどいない〟というのは、例えば、どのような……。

ラ・ムー　まあ、神話・伝説にあるような生き物だな。

質問者Ａ　龍とか、そういうものもいたということでしょうか。

ラ・ムー　うん。いた。

地球の文字や言語には宇宙起源のものが多い

質問者Ａ　もう一つ別の角度からお訊きしたいのですが、宇宙人との交流においては、やはり、「言葉」はストレートには通じないのではないかと思います。その場合、ラ・ムー様は、テレパシーというか、そういうものを使われたと思うのですけれども、ムー時代の方々はみな、それを使うことができたのでしょうか。

ラ・ムー　うーん、まあ、使える人は多かったんじゃない？

質問者Ａ　では、宇宙人との交流というのは、そういうかたちで。

ラ・ムー　まあ、「語学」だな。語学なんだよ、一種の。

質問者Ａ　はい。

ラ・ムー　地球の文字等や言語も、宇宙起源のものはかなり多くて、それから変形していってるものが多いんでね。

だから、象形（しょうけい）文字型の言語のルーツは、おそらく、ムーだとは思うけどね。

質問者A　あっ、そうなんですか。

ラ・ムー　こっちから出ていっているものが多いと思うんだ。

質問者A　はあ。

ラ・ムー　だから、おそらく、中国系、日本系、インド、一部メソポタミア系にも行ってるとは思うけどね。

質問者A　漢字だとか、こういったものを使っているところに、やはり、ムーのルーツとして流れ着いた人がいるというように考えていいわけですか。

メソポタミア文明で使用されていた古代文字「楔形文字」。

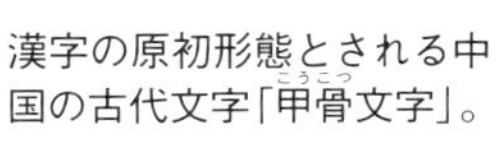

漢字の原初形態とされる中国の古代文字「甲骨文字」。

ラ・ムー　まあ、円盤も幾種類かあるからね。ときどき写真に写ってると思うんだが、円盤の腹の部分に、王様の「王」って書いてあるのが飛んでると思うけど。

質問者Ａ　ああ、ありますね。はい。

ラ・ムー　ああいうのは、よく来ておった種類だね。だから、漢字にちょっと似ているね。

質問者Ａ　あれがルーツでもあるということですね？

ラ・ムー　うーん。

質問者Ａ　おお。なるほど。

6　現代より進んでいたムーの科学技術

「ムー大陸から人が流れ着いた地域」を判別する基準とは

質問者A　少し話は戻るのですけれども、今、稲作が行われている地域は、やはり、ムー大陸から移行してきたと考えてよろしいのでしょうか。

ラ・ムー　そうだねえ。まあ、もっと古い文明もあるから、全部が全部そうかどうかは知らんけれども、いちばん適していたあたりではあるかなとは思うんだな。けっこう高温多湿であったし、土壌が適していたところもあったわな。水と、ある程度の日光等は必要であったんでね。

質問者A　なるほど。

ラ・ムー　まあ、稲作については、若干（じゃっかん）、効率の悪いものもあるので、これが難しいところではあるんだけどね。

今も、あれだけたくさんの小さな粒（つぶ）をつけるようなものって、そのものでは食べられないものが多いのでね。もう少し違（ちが）う種類のものも、あったことはあった。

今はないけど昔あったもので、稲（いね）ではないけれども、パンノキみたいなものはあった。木に、こう、どのくらいだろうかね、うーん……、まあ、サクランボよりもうちょっと大きいぐらいの、パンの実のようなものかな、そういうものが生（な）るものがあった。そのまま食べれば、いわゆる炭水化物のもとになるものが採れるようなものも、あったことはあったね。今はないね。

質問者A　現代の中国から日本、韓国（かんこく）、東南アジアのあたりで、ムーから流れ着いた痕跡といいますか、「この人たちは、ムーから流れてきた人たちなのだ」ということが分かる判断基準のようなものがあるとすれば、どういうものになるのでしょうか。

ラ・ムー　（約三秒間の沈黙）うーん……、まあ、一つは「鏡」かな。

質問者A・B　鏡？

ラ・ムー　うーん。鏡は多用しておったから。やっぱり、祭祀というか、儀式には鏡を多用していたので、鏡を使う宗教儀式をやるところは、ムーの流れを引いていると思えるね。

質問者A　なるほど。神道系は、まさにそのものですけれども。

ラ・ムー　うーん。鏡ねえ。鏡は使っていましたね。

質問者A　当時のムー大陸において、祭祀に使われる鏡の意味合いというのは、どういうものだったのでしょうか。

ラ・ムー　やっぱり、「自分の姿を映して見せる」ということだわな。ただ、今、君らは、左右逆の鏡を見てるんじゃないのか？

質問者B　そうです。

質問者A　ええ、鏡は左右逆になります。

ラ・ムー　ああ。ずいぶん原始化してるな。

質問者A　そうですか（苦笑）。

質問者B　では、当時の鏡は、逆には……。

ラ・ムー　「左右逆にならない鏡」が開発されていたんだが、君らは開発できないじゃないか。

質問者A・B　はい。

ラ・ムー　「左右逆にならない、写真のような（像が映る）鏡」があったんだ。

質問者A　なるほど。

ラ・ムー　君ら、ちょっと、それ、理科系の人の頭脳が少し後れてるのかもしらんけど。ずっと、左右逆のやつで見て済ませているじゃない。それだったら、お化粧して、ヘアセットしても、逆になるだろう。なあ？　写真を撮ったら、別になるよね、顔がな。

だから、みんな、自分の姿を見てないよな。

質問者A　うーん、見ていないですね。

ラ・ムー　逆の姿を見てるよなあ。あんなようなもので、よく君らは満足ができるものだな。

太陽光を十分に使い切れていない現代文明

質問者A　そうすると、現代社会には、ムー文明から見ると、科学的に退化している分野があると思うのですが、特に何が気になりますでしょうか。

ラ・ムー　そうだねえ、まあ、また、『太陽の法』のところに話が戻っちゃうかもしらんけど、やっぱり、太陽光線から取り出せるものがまだあるけど、十分に取り出せてないいんじゃないかなっていう気は、することはするね。

質問者A　取り出せていない？

ラ・ムー　うーん。

質問者Ａ　われわれとしては、もう、明かりだとか熱だとか、そういう……。

ラ・ムー　発電ぐらいには使ってるんだろうけども。太陽光線をもう一段、増幅(ぞうふく)するような装置はあったので。

質問者Ａ　増幅。

ラ・ムー　そういうものが見当たらないところが残念だね。だから、当時の戦争とかでも、陸戦、海戦ともそうだけど、太陽の光を十分に使っていたんで。

質問者Ａ　はあ。

ラ・ムー　砲弾(ほうだん)で撃(う)つようなものばかり考えるのかもしらんけど、われらは、太陽の光を集めて、それを反射させながら集中させていく。要するに、レンズを使えば、光の焦点(しょうてん)があるでしょう？　そうした「焦点攻撃(こうげき)」をやっていたので。

基本的には木の船が多かったことは多かったけども、太陽光を上手に取り入れて、その方向を変えて、要するに、レンズの焦点を敵の船の帆(ほ)とか、あるいは、木の船体に当てることで、何キロも離(はな)れたところにいる船が炎上(えんじょう)し始めるみたいな、そういう攻撃もしていたので。

質問者A　なるほど。

ラ・ムー　こういう方法を、君たちは取れていない。

質問者A　ただ、光を何キロも飛ばすということは、そうとうな光を吸収して、発散しないと……。

ラ・ムー　だから、吸収・増幅・発射をする技能があったわけで。このへんがね、ピラミッド機能とも関係はあるわけね。

質問者A　ああ……。

ラ・ムー　ピラミッド機能に、レンズ機能を足すわけなんですよ。

質問者A　ほう。

質問者B　太陽光を熱線化して集中させ、何キロも先

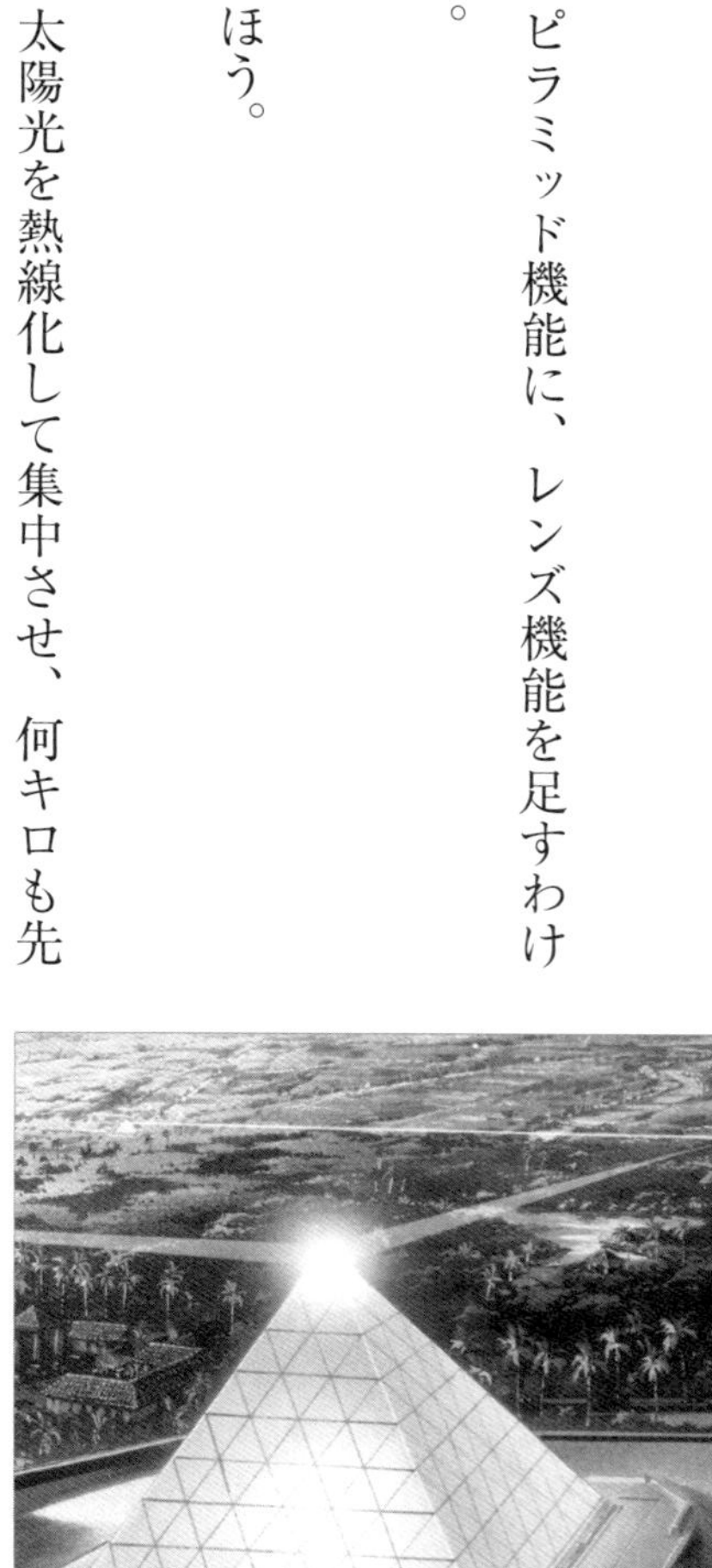

ピラミッドで増幅させた太陽の光エネルギーを放射するシーン（映画「太陽の法」より）。

まで飛ばして敵を倒していくというようなことでしたが、それは、ピラミッド同士がリンクしたり、つながったりする感じなのでしょうか。

ラ・ムー　うーん。まあ、そのへんは、君らの〝マンガ〟に付き合ってられないので、返事は保留させていただきたいが。

質問者A　（苦笑）

ムー文明とアトランティス文明の違い

質問者B　当時は太陽光線の増幅装置を使っていたということは、現代の科学技術のなかに足りないものがあるのか、それとも、われわれのものの見方そのものに限界があるのでしょうか。

ラ・ムー　うーん。アトランティスとうちら（ムー）の違(ちが)いはね、アトランティスは、ちょっと、天候に左右される傾向(けいこう)が強かったのだけども、私たちは「天候の変化を陵駕(りょうが)する技術」を持っておったのでね。

質問者A　陵駕する？

ラ・ムー　うん。「アトランティスでは、天気のいい日しか飛行船が飛ばない」とか言ってるじゃないか。

質問者B　はい。曇(くも)りの日は飛べなかったと。

ラ・ムー　われわれは、そうでないんだよ。天気の悪い日は、雨雲の上の太陽の光をつかむ技術を持っていたので。

質問者B　雨雲の上の太陽の光を？

ラ・ムー　うん、うん。だから、バルーンのようなものを上げて、その雨雲の上から光を引く技術を持っておったので。

質問者B　それは、高度が高い状態なのですが。

ラ・ムー　まあ、それはそうでしょう。もともと宇宙船との関連でできている技術だから。

質問者B　えっ？　ということは、宇宙船の技術もマスターしたということですか。

ラ・ムー　今は、君らがつくっている、あの不細工な人工衛星がいっぱい飛んでるけども。

質問者Ａ　不細工？

ラ・ムー　ああ、不細工です。ああいう芸術性のゼロのやつがいっぱい……。

質問者Ｂ　円筒型とか箱型とか。

ラ・ムー　あれ、ゴミになったらどうするつもりなの？　本当、あの人工衛星。

質問者Ａ　まあ、ゴミになりますよね。

ラ・ムー　ゴミだろう？

質問者Ａ　はい。

ラ・ムー　もうちょっと〝美しいもの〟をつくりなさいよ、ゴミになっても。

質問者Ｂ　では、流線形とか、いろいろな形をしていたということですか。

ラ・ムー　うーん、だから、やっぱり、そのへんの人工衛星空間まで、この光を取り入れる技術はあったということですよ。

質問者Ｂ　当時、人工衛星並みの、成層圏を越えた世界をカバーして……。

質問者Ａ　ということは、そうとうな熱に耐(た)えられるような材質を使っていたわけですよね。

ラ・ムー　うん。今の人工衛星みたいな、あんな不細工ではないけども。

質問者Ａ　そうすると、素材は何なのか分かりませんけれども、現代社会よりも優(すぐ)れたものを使っていたということなんですか。

ラ・ムー　うーん、まあ、優れてたかどうかは知らないけど。

ムー文明は天候をコントロールする力を持っていた

ラ・ムー　あと、君ら、雷(かみなり)がいっぱい落ちてるけど、あれを無駄(むだ)に消費してるじゃないか。

質問者Ａ　消費すらしていませんけれども。

ラ・ムー　消費してない？　あれで被害が出ているだけか。

質問者Ａ　はい。

ラ・ムー　あれだけねえ、神の送りたまいしエネルギーを、まったく使わないなどというのはバカバカしい。

質問者Ａ　ただ、雷はいつ出てくるかも分かりませんし、それをどうやって利用するのですか。

ラ・ムー　いや、雷ぐらい起こせるでしょう。

質問者A　起こすのですか。

ラ・ムー　うん。

質問者B　速すぎて捉(とら)えられませんが。バリッと……。

ラ・ムー　いやあ、起こせますよ。

質問者A　いや、どうすれば雷が起きるのかが分からないのですけれども。

ラ・ムー　ああ、分かんないのか。

質問者B　それが分からないと、雷を利用することは……。

ラ・ムー　だから、「人工の雲」をつくればいいわけですから。

質問者B　人工の雲をつくる？

ラ・ムー　うん。「くも」って、這うやつじゃないほうだよ？

質問者B　ええ。あの、空に浮かぶほう。

ラ・ムー　うん、うん、うん。

質問者A　雲はつくれるかも……。

ラ・ムー　人工の雲をつくるんだよ。

質問者B　天候に影響(えいきょう)を与(あた)えることになってしまいますけれども。

ラ・ムー　もちろんです。だって、そうしないと、広大な耕作地とかつくれないじゃないですか。

質問者B　当時、天候をコントロールするだけの力があったということですか。

ラ・ムー　君らは、江戸(えど)時代でもまだ飢饉(ききん)で苦しんでいたんだろうけど、われわれのときは、そういうことはないように、雨を降らすこともできれば、雷を落とすこともできたので。雷をエネルギー源として……。

質問者B　現代科学とは全然違いますね。

ラ・ムー　うーん。まあ、雨は灌漑というか、穀物を育てられるようにするために使っていたので。ええ。

質問者B　はああ……。

7　ムーに存在した「ファントム型人類」「天使人類」

ラ・ムーの時代の人々は、幾(いく)つかの階層に分かれていた

質問者A　当時、われわれは、タロイモをつくっていたわけですよね？　それは、いったい誰(だれ)がつくっていたのでしょうか。

ラ・ムー　いや、だから、下層階級の人たちは、そういう……。

質問者A　ああっ、われわれは下層階級……（苦笑）。

質問者B　では、ラ・ムー様の時代には、ある程度の「身分の階層化」ということ

はあったのですね？

ラ・ムー　だから、宇宙から来て、まだ没落（ぼつらく）していない部族等は、科学技術系の高度な部分を持っていたことは……。

質問者A　あっ、そういった方々の科学技術を利用していたと。

ラ・ムー　うん、うん。だけど、下層階級は、そういうことは知らないから、肉体労働に専従するしかないでしょう。

質問者A　ああ、そうですよね。それは現代でもそうかもしれません。

ラ・ムー　今も一緒（いっしょ）でしょう？

質問者A　はい。

ラ・ムー　だから、君らは新しいことをやっているようで、何にも新しくない。

質問者A　そうなんですね。

ラ・ムー　うん。何にも新しくないので。

ムー文明の「祭司階級」は地球霊界の改造にも協力していた

質問者B　先ほど、「心のなかを見たときに宇宙がある」「心のなかには二十次元以上のものが込められている」というようなお話がございましたが、当時、そういったことを専門に扱うような階級というのはあったのでしょうか。

ラ・ムー　それは、やっぱり、「祭司階級」というか。

質問者B　祭司階級そのものはあったんですか。

ラ・ムー　うん、うん。それは、やっぱり、最高の地位ではあったからね。

質問者B　祭司階級が最高の地位？

ラ・ムー　うん。ほかの、利用するというか手段として使う者は、それより下です。祭司階級のところは「手段」ではないので、もう、それは「目的」だから。人類が神になるための目的なので。

それは、「宇宙の秘密を知る」と同時に「地球の秘密も知る」ことだろうし。われわれのときでも地球の霊界はもうありますから、地上から地球霊界の改造に、一部、協力していたりもしたのでね。

質問者B　はあ。

ラ・ムー　君らはまったく何もできないようになっているから、ひどいレベルで。

質問者B　まだ世間では、「霊界はない」とも言われたりしていますので（苦笑）。

ラ・ムー　ひどい。「地獄界が増えている」とかいうことでギャアギャア言っているけれども、やっぱり、それよりも、「霊界をもうちょっと近代化する努力」も必要ですよね。

「日本神話」を読み解く鍵は〝ファントム型人類〟にあった

質問者Ａ　それは、「ラ・ムー様だけではなく、祭司階級の方々は、みな、霊界との交流ができた」ということでしょうか。

ラ・ムー　うん。まあ、肉体は不自由だからね。だから、かっちりとした肉体を鎧のようにかぶって生きている人も多いけれども、一部はそうでない人もいてね。「肉体を持って生きていることもあるけど、肉体を持っていないときもある」みたいな、そういう〝ファントム（幽霊）型〟〝ファントム型人類〟っていうかなあ。半分、幽霊と言えば幽霊だけど、必要に応じて肉体を現せるような種族もいたことはいたので。

質問者Ａ　それは、どちらに主軸があるんですか。地上ですか。

ラ・ムー　分からん。それは、その本人のあれによるので。

まあ、そういう、「幽霊化しようと思えば体が透明になって、天上界にも入れるようになるけど、地上に住もうと思えば住める」という、どちらにでも移行できるような姿を持っている者がいて。

こういう者でなければ、例えば、日本神話なんか成り立たないでしょう。おそらく意味不明でしょう、まったく。

質問者A　なるほど。一人とか二人ではなくて、そうとうの数、そういう方々がいらっしゃったということですよね？

ラ・ムー　そうとうの数はいないけれども。日本神話の「高天原から天孫降臨して、地上に肉体を持つ」なんていうやり方は、ちょっと分かりにくいね。高天原にいながら、子供を産んだり結婚したりもしているけど。
　だいたい、そういう〝半神半人〟型の人間っていうのはギリシャにもいたんだけど、そういう人たちが「神々のもと」なんだね。

質問者A　日本神話には、〝ファントム型人類〟の話として理解できる部分もあるわけですね？

ラ・ムー　そうだよ。一部の特殊階級がいて、それがやっぱり、だから、天孫民族たちは、どちらかといえば、そういう人たちが多いわね。

質問者B　そういう方々は、祭司階級などにもいるということですか。

ラ・ムー　うん。そう、そう、そう。中心的にはね。

質問者B　だから、日本神話を読み解くのは、非常に難しいんですね。

ラ・ムーは霊界にも行ければ、他の星にも姿を現すことができた

ラ・ムー　そういうふうに、〝ファントム型〟〝幽霊型〟に姿を隠せるということはどういうことかというと、宇宙船のなかにだって、移行して姿を現すこともできるかたちになるからね。

だけど、普通、あなたがたは、「幽霊型になった場合は、この地上のものに触れもしないし、食べることもできない」と考えるでしょう？

質問者B　うーん、そうですね。

ラ・ムー　だけど、〝ファントム型人間〟の場合は、地上に物質化して現れたとき

には、地上のものを食べることだって、飲むことだって、触ることだってできる。
ただ、自分がそういう量子変換（へんかん）して、〝ファントム型〟になったときには、あの世の人と同じ状態になる。だから、「あの世の人間にもなり、この世にも出てこられる」という。神々の本質は、もともとはこうなんです。

質問者B　はあ……。

質問者A　それと、今、よく言われる「ドッペルゲンガー現象」とは関連はあるんですか。

ラ・ムー　ああ。「ドッペルゲンガー」とまで来ると〝レベルが下がる〟から、ちょっと話が分かりにくいが。

●ドッペルゲンガー現象　同じ人物が同時に複数の場所に姿を現したり、自分がもう一人の自分を見たりする現象のこと。

質問者A　あっ、それはレベルが低いのですか。

ラ・ムー　うん。われわれは、その前の「天地創造」の話につながっている者であるので。

質問者B　それは、自分で量子変換できるのですか。自分の意思でできる？

ラ・ムー　それが神ではないか。

質問者B　はあ……。

質問者A　それは、当然、ラ・ムー様もなされていたわけですよね？

ラ・ムー　うーん、まあ、王として存在しなきゃいけないときは人間として存在しているが、王としての姿を隠して、何か「儀式（ぎしき）」と称（しょう）してお籠（こ）もりをする場合は、そうなっているわね。

質問者A　なるほど。

ラ・ムー　だから、霊界（れいかい）にも行けば、他の宇宙空間にも現れて、ほかの星とかにも姿を現すことはできる。

質問者A　宇宙空間にも。

質問者B　それは〝生きながらにして〟ということですか。

ラ・ムー　それは、そうです。〝生きながら〟の意味が分からないけれども。

質問者B　地上にいらっしゃったんですよね？

ラ・ムー　私たちには、「生」もなければ「死」もないので。

「天使人類」は大人のままで地上に生まれることもできる

質問者A　そうなると、いつ生まれられたのか、いつ亡(な)くなられたのかも分からないですね？

ラ・ムー　うん、まあ、そういう部族もいるけれども、われわれは、そういう生まれ方は必ずしもしないので。

質問者A　どのように生まれられるのですか。

ラ・ムー　イエス・キリストの「処女降誕」みたいな話は眉唾にしか聞こえないだろうけど、われわれは大人のままで生まれることだってできるので。

質問者A　では、ラ・ムー様はどういうお姿で？　やはり、大人のまま？

ラ・ムー　うん。そう、そう、そう。

質問者B　ええっ!?　ちょっと待ってください。脳が今……。

質問者A　では、「ある日、いらっしゃった」というような感じですか。

ラ・ムー　それを「天使人類」と言うのであってね。

質問者A　ただ、生まれられる前にも、当然、霊界交流があったでしょうから、「『降りる』という啓示をされてから来られた」とか、そういう感じなのでしょうか。

ラ・ムー　うん。だから、そこまでできない人には、肉体の器を遺伝的に継承できるようにしていて、「魂を送り込んで、また何十年か生きて還ってくる」というスタイルの転生輪廻をやっているわけで。その上に立つ者たちは、そんな必要はないので。

質問者A　なるほど。

霊界を理解できない人もいれば、アニマ（魂、霊魂）を食べる人もいた

質問者A　そうすると、当時は、「霊界の存在」というのは当たり前だったということになりますか。

ラ・ムー　当たり前というか、足場はそちらのほうにある神様も多かったわね。

質問者A　そうですか。

ラ・ムー　足場はそちらにあって、この地上の人を指導するためだけにときどき出てきている人は多かったわな。

質問者A　そうですか。われわれのような〝タロイモをつくっている人間たち〟に

も、「そういう世界があるのだ」ということは、常識のように知れ渡っていたわけですか。

ラ・ムー　いやあ、それはね、平安の絵巻物でも読んでいるようなつもりで聞いているよ。

質問者Ａ　ああ。やっぱり理解できない民衆はいたと。

ラ・ムー　うん。まあ、理解できない。理解できない者は理解できない。それは、「神」と「人間」は、はっきりと差があったので。

質問者Ａ　ただ、霊界があるということ、霊界思想については、現代のように眉唾物扱いされるのではなく、社会一般的に行き渡っていたということですか。

ラ・ムー　まあ、その捉(とら)え方はいろいろだな。

質問者A　ああ。

ラ・ムー　だから、君らが教えている仏教的な転生輪廻的霊界観とはかなり違(ちが)うところがあって。

あと、ボルネオあたりから伝わってきているものと同じで、「アニマ（魂、霊魂(れいこん)）を食べる」とか君らが（霊査で）言っているように、「ほかの人間を食べて、その魂を食べてしまうともっと強力になる」みたいな考えを持っているやつもいてね。

そういう考え方は宇宙起源だけどね、それで自分の魂を拡大するやつもいたんだよ。「ほかのアニマ、ほかの人の魂を食べてしまって、自分の魂のパワーを増やす」みたいなことをしている人もいたことはいたね。

当時は「外見を変化させることができる人間」もいた

質問者A　もしかして、当時の人間というのは、今の姿形をした人間だけではなかったということですか。

ラ・ムー　それは、いろいろな形がいますよ。それはそうです。

質問者A　いろいろな姿形の者たちが併存していたのですか。

ラ・ムー　うーん……。まだ、その外見を変化させることができる人間もいたからね。

質問者A　ほお。

ラ・ムー　自然界にだって、まだ残っているじゃない？　そんなのはね。カメレオンだとかタコだとか、体の形が変わっていくものは、いくらでもいるでしょう。だから、変化する者はあったね。今も霊的に分析すると、「動物身」「動物の変化身」みたいなものを持っている人は多いわね。それは、君ら、アニメ映画とかででも現実に描こうとしとるんだろうけれども、そうした動物身に変化するということができたので。それは量子変換するんですよ。

質問者A　ほお。

ラ・ムー　そうして形を……。君らは「ＤＮＡがやっている」と思っているんだろうけれども、そのＤＮＡは設計図ですから、設計図自体を、やはり、自分で入れ替えることはできたわけで。設計図を入れ替えれば、ほかのものに変身できるわけだ。

だから、君がお酒をたくさん飲んで〝大虎〟（酔っ払い）になってしまったら、虎に変身するぐらいは可能であったわけね。

質問者A　なるほど。

ラ・ムー　それは、この世での転生が長くなりすぎて、「この世を固定的に考えすぎる考え」が流行りすぎているために、できなくなっていっているので。

質問者A　はい。

ラ・ムー　実際、「霊界のほうがホームベース（本拠地）で、そちらからこの世に出てきている」という意識があるうちは、まだ可能性はあるのに、この世のほうがホームベースで、この世のものをすべて「固定したものだ」と考えるようになってくると、できなくなってくるんだ。

質問者Ａ　なるほど。

8 「造物主」ラ・ムーの「人類創造の秘密」

「この世に地球人類がいる理由」とは

質問者A　そういった考え方を維持するためには、民衆に対して教えが必要になるわけですよね？　やはり、この世に惹かれすぎると忘れていきますので。そういった教えを、ラ・ムー様は一般大衆にも説かれていたのでしょうか。

ラ・ムー　うーん……。というよりも、この世に人類がいる理由はね、神様側に「地球起源の霊体というか、魂を増やそう」という考えがあったからなので。

質問者A　はい。地球起源の魂を……。

ラ・ムー　（Bを指して）君みたいにね、〝宇宙のウナギネコ〟なんて嘘をつかないで……。

質問者B　（笑）（会場笑）

ラ・ムー　「地球起源の魂を創造しなきゃいけない」っていうニーズがあってね。それで容れ物を創って、いったん、その容れ物に霊エネルギーを入れることで個性を持たせる。そして、天上界に還って、まだ、その姿で生きている。そういうことを繰り返しているうちに、だんだん、「人間霊」とか「動物霊」とかに固まってきて、自分をそうだと思い込むようになってくるので。

実際、霊エネルギーそのものは、宿るものによって何にでも変わることはできるから、確かに、古代のインドで言っているとおり、「動物」と「人間」との間の転

● 〝宇宙のウナギネコ〟なんて……　質問者のBは、2015年5月13日に収録された宇宙人リーディングで、「宇宙の絵描き(ペインター)ウナギイヌ型」の宇宙人であったと推定されている。

生も可能ではあるんですけどね。

今、人口がすごく増えてきているから、霊的に還ってきているものたちを、もう一回、再教育しなきゃいけないので、人間にしてみたり動物にしたり、いろいろしてはいるけどね。ある程度、一定以上の実力が出てきたら、そういうふうに、「同じようにしか生まれ変われない」っていうものは出てくるけど。

魂の創造実験と転生輪廻による進化

ラ・ムー　とにかく、この世に生きとし生けるものの魂の創造もしたんだよ。
魂の創造のもとは何であるかというと、やっぱり、これは「太陽エネルギー」なんですよ。「太陽エネルギーを、どうやって生命エネルギーに変えるか」っていうことが大きいところで。太陽エネルギーがなかったとしたら、魂は存在していません。

質問者A　うーん。

ラ・ムー　だから、太陽エネルギーを、まずは植物が受け取って、それを生命エネルギーに変えていくわけですね。炭酸同化して、それを動物たちの〝ガソリン〟に変えているわけでしょ？　〝ガソリン〟というか、〝石炭〟だね。〝石炭〟に変えて、そうした植物でできたものや果物(くだもの)とかを食べることで、動物たちが活力を持つ。肉に変わってくるわけだね。

そして、動物の形に霊体エネルギーが入ってくると、動物として転生輪廻(てんしょうりんね)ができるようになってくる。そのうち、人間という、人間型のものも〝鋳型(いがた)〟を創って、そこに魂を宿らせることによって転生させれば、人間が出来上がってくるようになる。

（Aに）だから、君の心のなかを覗(のぞ)けば、動物の姿も幾(いく)つか視(み)えるよ。ねえ？　経験があるはずだよね？

質問者A　はい。

ラ・ムー　だから、トドもあれば虎もある。そういうのが幾つかあるはずだよね。

質問者A　はい。

ラ・ムー　そういう本能の部分が、戦なんかのときに役に立つこともあるわけだね。

質問者A　なるほど。

ラ・ムー　だから、たいてい、人間は動物の変化身を何か持っていることがある。
まあ、「ドッペルゲンガー」みたいなことを言うかどうかは別として、魂というのは多様性があることはあるわけで。例えば、一つのエネルギー体が、幾つかの違う動物とかに生まれたら、「何種類かの動物であるのに一つである」というようなものの見方もできるようになる。

同じように、「二千年ぐらいの間に何回か生まれ変わる」ということをすると、男に生まれたり女に生まれたり、貴族に生まれたり平民に生まれたりしながら、それがつながっているので、その「魂のきょうだい」みたいに見えているものが、まあ、サツマイモというか、ジャガイモなんかを抜くと、コブのようなものがいっぱいぶら下がっていると思うが、ああいうもの全体を「自分だ」と理解できる者にとっては、それは「一人」。理解できない者にとっては、「多数」だね。こういうことがあるので。

そういう「魂の創造実験」や、進化、もちろん退化も含めての実験もいっぱいやってきた。

星間転生輪廻をしながら、さまざまな魂を創ってきた造物主ラ・ムー

ラ・ムー　君たちには都合が悪くて、あんまり聞きたくはないだろうけれども、「魂の消滅実験」も……。

質問者A　消滅も？

ラ・ムー　うん、うん。現実にはやってきた。「まとめて〝お払い箱〟にする」っていう実験もやってきたことはあるので。

質問者B　はあ。

質問者A　それは、人類創造のときだけではなくて、ラ・ムー様の時代にもされた

ことはあるのですか。

ラ・ムー　まあ、一部ね。

質問者B　それでは、もう〝神の領域〟に入ってしまいますね。

ラ・ムー　だから、神だもの。しょうがないじゃない。

質問者A　そうですね。

ラ・ムー　神だもの。神なんだから。

質問者B　量子転換（てんかん）し、太陽エネルギーを生命エネルギーにして……。

ラ・ムー　神なんだから、しょうがないでしょう。

質問者B　はああ。

ラ・ムー　だから、大川隆法みたいに人間的意識が強すぎる人の場合、なかなか理解がいかないと思うが、私たちは神の意識をもっとちゃんと持っていたから。

質問者A　話としては、エンリルが、そういう魂の創造を試みて失敗した例を……。

ラ・ムー　あんな〝ちゃち〟なのと一緒にしないでください。

質問者A　あれは、失敗例として聞いておりますけれども。

ラ・ムー　ああ、まあ、レベルが低すぎる。

質問者A　はあ。

ラ・ムー　レベルが低すぎる。（私は）「●星間転生輪廻」をしながら、いろいろな星で、もっともっといろいろなかたちで魂を創ってきた。やっぱり、環境によって形が変わるから。環境に合わせて適性のある体の姿に変わるので。

だから、惑星によって、新しい創造はなされていて、なるべく似た環境のところに連れていければ住めるけど、やっぱり、住み始めると体が変わってくるね。体形がね、姿も。

質問者A　なるほど。非常に衝撃的ですけれども。

●**星間転生輪廻**　今いる星とは別の星に生まれ変わること。

ラ・ムー　だから、私は最初に「態度が悪い」と言って叱っているんだけど、君らはね、「造物主と話をしている」っていうことをまだ分かっていないようだから。

質問者A　申し訳ございません。

質問者B　本当に申し訳ありません。今になって少し分かってきました。

ラ・ムー　うーん。

人間の可能性は無限――悟りが高まればもっと発展していける

質問者C　今、「神の御心」というものを少し教えていただいていると思うのですけれども。

ラ・ムー　うーん。

質問者C　「神様は人類の魂を創る実験をしてこられた」というお話もあって、「実験」というキーワードが一つありましたけれども、神様の目から見て、「人間は、どのように進化していくべきだ」と思われているのでしょうか。

ラ・ムー　まあ、「可能性は無限」だとは思うけどね。
ただ、自分が想像し、認識できる以上のものにはなれないので、そうした「想像力」と「認識力」を高めないかぎりは発展はないわね。
だから、「悟り（さとり）のレベル」がそこまで行けば、人間として生きながら、他の銀河系の惑星なんかにも同通して、出没（しゅつぼつ）することができるようにはなるだろうね。

質問者B　ラ・ムー様は、地上に生きておられた当時、そうしたいろいろな霊界等に行き来して、認識を新たにされていたわけですか。やはり、当時、いろいろなところに出没したりされていたのでしょうか。

ラ・ムー　魂は、けっこう、宇宙規模まで広がっているものがあったからね。だから、だいたい私らの立場っていうのは、うーん、まあ、そうだねえ、「門の鍵」と言えば「鍵」だな。

質問者B　門の鍵？

ラ・ムー　うーん。鍵というか。錠っていうのかな、（それに）挿し込んで開ける「キー」だ。

質問者B　キー？

ラ・ムー　うーん。「キーマスター」だからさ。私たちは「キーマスター」なので。それに挿し込んで扉（とびら）を開けることで、どこにでも通じるようになるんだな。そういう仕事をやっていたのでね。

あと、地球にも出ているけれども、どうも、居場所は一定しない人もいるようだね。ほかのところにも行ったり来たりしているようだから。まあ、そういう人は、わりあいいるんだよな。

「創造主」は地球の歴史のなかの一瞬（いっしゅん）しか、かすらない

質問者A　もしかしたら、ラ・ムー様も、ほかの星でも、「魂の創造」をされていたのでしょうか。

ラ・ムー　それは、ほかの星でも経験がなかったら無理でしょう。

質問者A　それは同時代にですか。

ラ・ムー　ああ、「同時代に」っていうこと？

質問者A　はい。

ラ・ムー　うーん……、まあ、ちょっと、私の魂の系統が、今、地球の責任者なので。そういう経験はあるが、「しばらく、地球の面倒(めんどう)を見てくれ」ということであったので、地球のほうを司(つかさど)ってはいましたけどね。

質問者A　先ほど、「宇宙からの魂として、どういうところのものを選ぶか。どういう宇宙人を選ぶか」というようなお話がありましたけれども、そのあたりについてもご意図はおありだったわけですよね。「どういう宇宙人は受け入れて、どういう宇宙人は〝排除〟するか」というような……。

ラ・ムー　うーん、何だか話が小さいなあ。

質問者A　小さいですか。

ラ・ムー　「小池百合子とは違う」って言っているんだよ。

質問者A　はい？

ラ・ムー　「小池百合子ではない」と言っている。

●「小池百合子とは違う」って……　小池百合子氏は、2017年の第48回衆議院議員総選挙に臨むに当たり、希望の党に民進党候補を受け入れる際、左派については「排除する」などと述べて反発の声が広がった。

質問者Ａ　ああ……（笑）。

ラ・ムー　一緒にするな。

質問者Ａ　（笑）分かりました。ただ、「地球の進化に資するような宇宙の魂の受け入れ」ということは、なさっていたわけですよね。

ラ・ムー　だからねえ、あなた、頭が小さくて、ちょっと話がしにくいんだけどさ。

質問者Ａ　申し訳ありません。

ラ・ムー　だから、十万度は超えているかもしれない太陽の熱エネルギーがあるよな。「あの十万度を超えているようななかで住める生命体を創れないか」とか、そんなことまで私は考えているんでね。

質問者A　はあ……。

ラ・ムー　あとは、「はるかに離(はな)れた氷の惑星でも住める生命体はありえるか」とかね、いろいろな実験はしているので。

あるいは、「すごく重力が強すぎる星」とかもあるし、「磁石の星」みたいな、磁力がすごく強くて、要するに、鉄分が入っているものは、全然浮(う)き上がれないようなところもあって、「そのようなところでも住めるような生命体を創れるか」とか、いろいろやっているので。

まあ、君らねえ、「創造主」っていうのを甘(あま)く見てはいけないんだよ。

質問者A　「新たな宇宙人の創造を繰り返されている」ということですね。

ラ・ムー　うーん。そういう魂であってね。だから、エル・カンターレというのはね、「君らの給料を出すためだけに働いているのではないんだ」っていうことをよく知ったほうがいいよ。

一瞬しか、かすらないんだから。地球の歴史のなかの〝一瞬〟なんだから。「一瞬、かする」けどね。あとは姿を見せないから。

「理解できないのなら、信じるしか方法はない」

質問者A　われわれの認識はあまりにも低すぎるのですが、われわれの信仰心において、何をもっと理解しなければいけないのでしょうか。

ラ・ムー　だから、基本的なところから先に行かないからさあ。もう、「死んだ人の幽霊が出るか出ないか」「見たか見ないか」「嘘か本当か」、この程度ぐらいのところで止まっているでしょう、ほとんどね。

それから、科学者とかいうのは、もう本当に物ばっかりいじって終わっているよな。医者とかもそうだしね。だから、本当に賢いのか賢くないのか、さっぱり分からないよね。「ああ、かわいそうに。こんなにレベルが下がったんだなあ」という感じはするな。

これを言うと、ここでは〝祟り〟があるんだろうけど、加工する技術があればおいしい食べ物はいくらでもつくれるのに、パンダが竹ばっかり食べている、そんなように見えるなあ。たぶん、このたとえは嫌われると思われるが、そんな感じかな。「竹は竹でしかない」と思っているような感じかな。

質問者A　先般、リエント・アール・クラウド様をお呼びしたときには、「この地上において、今まで（二十世紀ま

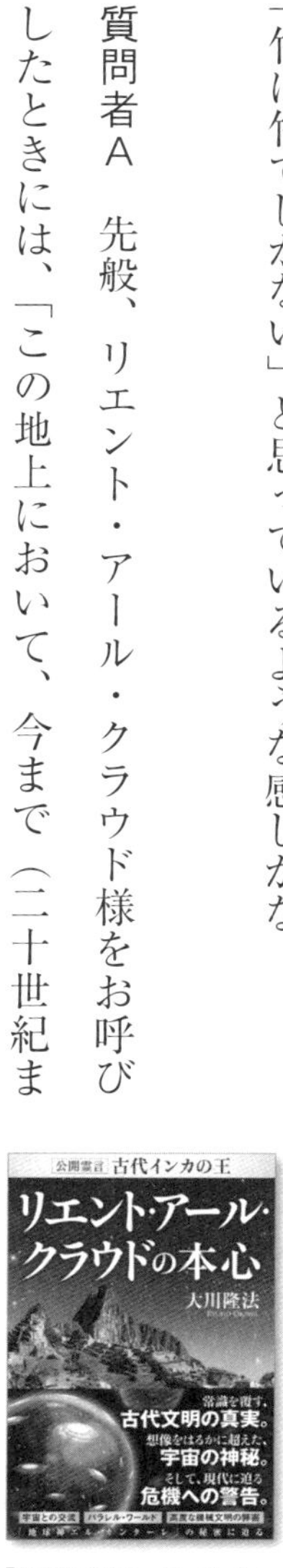

『公開霊言　古代インカの王 リエント・アール・クラウドの本心』（幸福の科学出版刊）

で）の文明は、現代の情報化社会をもたらした文明、科学的な文明に吸い込まれて消えるのではないか」というようなことをおっしゃっていました。

ラ・ムー　まあ、クラウドは、〝原始人化〟していったほうの一人だから、ほどほどに聞いたほうがいいいんじゃないの？

質問者A　そうですか。

ラ・ムー　うーん。

質問者A　ラ・ムー様は、この現代文明に対して、どのように思われていますか。信仰とか、精神性とか、悟りとか、そういうものについては……。

ラ・ムー　いやあ、それはね、別に信仰を強要しているわけではなくて、ちゃんと理解できればそれでいいんですよ。だけど、たぶん理解できないだろうから、「信じるしか方法はないでしょう?」と言っているだけです。理解できないんだろうから、「信じるしかないでしょう?」と。

だから、「ちゃんと違いを知りなさい」と言っているだけです。違いが分からない者にとっては、全部、自分の物差しで測るしかなくなるわけだからね。

9　現代文明への「教訓」と「警鐘(けいしょう)」

現代人が「ムー大陸の陥没(かんぼつ)」から学ぶべき教訓とは

質問者A　ラ・ムー様のいらっしゃった時代は、霊的(れいてき)にも科学的にも非常に高度なものへと進んだわけですが、そのあと、ムー大陸は陥没(かんぼつ)してしまいました。

この大陸陥没について、私たち現代人はどのような教訓を学び取ればよいのでしょうか。

当時、大陸が陥没した理由や、現代人に対する警告、教訓を教えていただければと思います。

ラ・ムー　うーん……。まあ、ちょっと争いが多かったわね。

質問者A　ああ……。

ラ・ムー　争いが多くなったのと、今あなたが言った、いわゆる信仰の部分が薄れてきて、一部進んだ宇宙的な技術等もこの世的なものにすべて置き換えられていき始めた。だから、「欲望」というか、「権力欲」みたいなものを満たすために奉仕するような科学技術にだんだんなっていったわな。やっぱり、そういうものを持った者が、人を奴隷化していける時代になってきたし。

そういうことになってきますと、この世的には、祭司階級とか天使人類系の人たちのことまで迫害するようなかたちも出てきたわな。そういう、ちょっと悪いかたちの革命みたいなものも起きてきたわね。

それから、核戦争に相当するかもしれないけれども、そうした大量破壊兵器もいっぱい出てきて、自分たちで首を絞めているようなところもあったわね。

だから、ある程度、限度を超えたときに、エル・カンターレ霊本体としては、文明の〝洗い替え〟を命じることがあるので。

まあ、そうなったら、やっぱり、大陸ごと消えるぐらいのことは、わけがないことでして。また、別のところでやり直せばいいわけなのでね。まあ、そういうことになりますね。

だから、大陸が消えるような場合は、いったん〝原始化〟するんですよね。で、もう一回やり直さなきゃいけない。積み上げた積み木を崩して、もう一回積まなきゃいけないようになるので。いったんストンと落ちて、そして、沼地に生えている稲を見つけて、「稲作っていうことができるんじゃないか」みたいなことを考える人から、またもう一回始まるんだよ。そういうことを何度も何度もやるんでね。

まあ、残念だけどね、「一本調子の発展史観」というのは完全な間違いで。（右手で波の形を描きながら）もう、こういう感じで、「スッと底へ行って、また上がって、底へ行って、上がって、底へ行って……」ということの繰り返し。あるいは、アトランティスの話を聞けば、ちょっとは違うだろうけれども、似たようなところはあるだろうなあ。

それから、おたくは映画なんかつくって、ラ・ムーの右眼がどうのこうのと何か言っとるけど、私には右眼はあったよ。右眼がなくなったのはオーディンのほうだからね。右眼をなくしたのはオーディンだからね。一緒(いっしょ)にされているようだけれども。まあ、いいけどね。

まあ、あれも、ムー文明、アトランティス文明のあとの氷の文明に近いあたりだよね。

でも、あのへんのスカンジナビアとか、ヨーロッパの北のほうが栄えていた時代が一時期あって、あのときに、氷の文明なのに宇宙との関連があった文明が存在したというところだな。まあ、そういう時代もあったようだな。

だいたい、神様が勝手に右眼なんかを〝供養(くよう)〟するんじゃないって言ってるんだよ。

●氷の文明　幸福の科学の霊査によると、アトランティス文明と現代文明の間に、「アズガルド文明」とでも呼ぶべき北欧中心の文明があったことが判明している。『信仰の法』（幸福の科学出版刊）参照。

質問者A　まあ、それは方便なのかもしれませんけれども。

現代人は本来の能力の百分の一も出していない

質問者A　現代人が本来持っている能力を取り戻すには、どうすればよろしいのでしょうか。

ラ・ムー　うーん。だから、まだ能力をいっぱい持っているので。本来の能力の百分の一も出てない感じかなあ。霊的な自己に目覚めることは宗教でいっぱい教えてるんだけど、その本当の意味はまだ分かっていないよね。

質問者A　本当はまだ分かっていないということですね。

ラ・ムー　うん、うん。

六大神通力みたいなものだって、釈尊はいろんな教えを説いてるんだけど、まあ、難しくて、修法がね。ちょっとなかなか理解できないだろうと思うが。

だから、一切の考え方のなかにですねえ、まあ、私が言ったような造物主的な考え方から見て、「この世のものは仮のものだ。〝工作の時間の世界〟にしかすぎないのだ」ということを知ったときに、本来の自己が目覚めてくるようになって、本来の自己が自由になって、解放される。で、真理の姿が現れてくるようになるということかね。

君らは、「ラ・ムーのムー帝国の本流が日本に来ている」と言いたいところだろうが。まあ、今の時点では「そうかな」とは思うけどね、そうかもしれないけれども。

ただ、もう一段の発展に行くか、やっぱり、「また、他の攻撃的な種族との戦いが近づいている」という考えもあるので。

それでしたら、また大災害を起こさなければいけない。そのタイムリミットは、今世紀中には必ず来ると思うな。

質問者B　先ほど、「本当は六大神通力ぐらいまでの力がある。人間には秘めたる可能性がある。ただ、お釈迦様が説かれたときは少し難しかった」というお話もありましたが、当時、ラ・ムー様は、祭司階級にどのようなことを毎日修行せよと期待していたのでしょうか。

ラ・ムー　うーん……、まあ、「霊界でできることを、この世でやれるようにしよう」という修行だね。それはやっていたような気はする。

まあ、君たちはもうできなくなっているからなあ。難しいな。

例えば、金に似たようなものもあるけど、金の仏像みたいなものを出そうと思ったら、空中からこれを出すことが当たり前にできた時代なんだが、君たちの「信じない念」のほうがすごく強くて、できなくなってきた。
だから、あの世とこの世の間にある〝膜(まく)〟がすごく厚くなってきたね。あの世とこの世の膜がもうちょっと「素通(すどお)し」みたいになってくれば、そういうことは起きてくるんだがなあ。

救世主が現れるときは、大天変地異の時代でもある

質問者B　ラ・ムー様の時代は、「科学技術が最先端(さいせんたん)まで発達していながらも、あの世とこの世の間にある膜が薄くて、行き来ができていた」ということでした。
ただ、現代社会から見ると、科学と霊界の両者は矛盾(むじゅん)することのようにも思われます。

ラ・ムー　うん。

質問者B　その意味で、当時は見事な融合・統合ができていた時代のようにも感じますが、どういう気持ちを持てば、それらを統合できるのでしょうか。「あの世とこの世は別々のものではない」と考えられるようになるのでしょうか。

ラ・ムー　まあ、唯物論科学が人類を破滅させるところまで行けば、また〝戻ってくる〟でしょう。

質問者A　今の科学が間違えているので、それを……。

ラ・ムー　だから、はっきり言えば、君たち日本はムーの末裔かもしれないけれども、「今世紀中に、中国や朝鮮軍に核ミサイル攻撃されて消滅するかどうか」というのが一つかかっていますので。信仰心を高めて、エル・カンターレの教えを、逆に伝道して、向こうをその宗教の教えの下に置くことに成功しなければ、滅びる可能性はかなり高い。

質問者Ａ　その可能性は高いと。

ラ・ムー　うん、うん。

質問者Ａ　そのときに、エル・カンターレが降りられたこの日本はどうなっているのでしょうか。

ラ・ムー　いやあ、昔の物語として、アトランティスやムーと同じように、「日本という国があった」という話に変わるだろうね。

質問者Ａ　「沈んでいく」ということになりますか。

ラ・ムー　「沈んでいく」というか、まあ、「沈める」しかないでしょう。だけど、中国あたりだって、そのままにはしておくつもりはないけどね。当然ながら、大陥没が起きる。

質問者A　結果によっては、今世紀中にそれが起こると考えたほうが……。

ラ・ムー　まあ、パンダを助けるかどうかを、今ちょっと議論しているところだ。

質問者A　（笑）

ラ・ムー　ハハッ（笑）。

質問者Ａ　パンダは世界各地の動物園にいますから、そこのところは大丈夫だと思いますけれども。

ラ・ムー　まあ、ちょっとこの世紀も、もうそろそろ行き詰まって、（天変地異が）もうすぐ来るのかなあとは思っているので。私たちが嫌な感じが強くなってきたら、変えようとしているね。

私の言うべきことではないけれども、ニューアトランティス浮上の声もあるからね。それは、同時に「アメリカの危機が来る」ことを意味しているだろうと思うけど。

西洋的文脈では、救世主が現れるときは大天変地異・大災害の時代と一緒なんだよ。日本人はそれが一緒じゃないから、よく分からないので喜んでるけれども、「大救世主が出る」ということは、文明ごとの盛衰が起きるような、大変な「苦難の時期」とも一緒なんだ。

質問者Ａ　なるほど。

この世の犯罪よりも大きな罪は「信仰を持たない罪」

質問者Ｃ　やはり、われわれは神を信じるしかないですし、神のお考えを理解できないところもあるとは思うのですけれども、危機の未来があるのであれば、それを少しでも変えていくように努力していきたいと思っています。

そこで、一日一日の信仰を高める意味で、われわれはどのような思いで、ラ・ムー様やエル・カンターレ様に祈りを捧げていけばいいのでしょうか。

ラ・ムー　あのねえ、君に言いたいのはさあ、「『南無妙法蓮華経』を唱えていれば、すべてが救われる」とか、もう、そういう原始人みたいな教えはやめてくれ。やめてくれよ、もう、それは。

質問者C　はい。

ラ・ムー　何の合理性も論理性もない。原因・結果の法則にまったく反している。

質問者C　おっしゃるとおりです。

ラ・ムー　まあ、今、教えていることをちゃんと広げてくださいよ。
そんなね、迷信でやってる宗教はいっぱいあるでしょう。「『南無阿弥陀仏（あみだぶつ）』を唱えていればいい」とかね。それで、「阿弥陀様って、どこにいるんですか？」と訊（き）いたら、誰（だれ）も知らないと。
こんなのねえ、もう、詐欺（さぎ）だよ。ねえ？　詐欺みたいなやつが、（信徒）一千万だ何だと言って、いっぱい流行（はや）ってる。

神社も教えが何もない。「鳥居をくぐれば、それでいい」とかね、「真ん中の道は神様が通っている」とか、まあ、この程度の情けない教えだわなあ。

もうそろそろ、この〝原始人〟たちを、もうちょっと、ちゃんと高みに引っ張っていかなけりゃあ、先はもうないよ、ほんとねえ。「高等宗教」が、今、出ているんだから、「これにちゃんと帰依して学ばなかったら、先はありませんよ」ということですわね。

あとは唯物論だけで、トヨタで自動車ができたら、それでいいのかもしれないけどね。トヨタの自動車が空を飛んだら、それで十分に満足するのかもしれないけど、われわれはそんなので満足していないので。

人間の本来の力はもっともっとあるし、〝創られたもの〟だということを知ったほうがいいし、魂自体も数多く創られてきて、増やしてこられたものであるのでね。

まあ、ここらでちょっと心を入れ替えて、真っ当な宗教に戻っていただかないと。宗教そのものがあんまり曲がっていった場合は、もう滅ぼすしかなくなることもあるので。

だから、「創造の神」の半面は、「破壊の神」であることは事実です。それを人間心で、善悪を論じるべきではないと思うな。私たちは、厳しいときにはとっても厳しい。

人間の契約ルールで、この世、文明ができているようになってきたのは、一面においては「進歩」かもしれないけど、他面においては大いなる「退化」なのでね。「神の持つ力」というものを知らなくなって、神の力を引いている人間というものの真価を知らなくなったということは、「同時に大きな罪も犯している」ということです。

細々したことばっかりを犯罪として罪にしているのかもしらんけど、もっと大きな罪は、「信仰を持たない罪」であり、「神を信じない罪」であり、「神の子としての自分を信じない罪」なのだというところね。このへんを知ったほうがいい。

だから、〝箱庭〟のなかだけが自分らの世界だと思っているような科学者をいちばん賢(かしこ)いと思っているようなら、かわいそうだけれども、その文明は〝終わりを迎(むか)える〟可能性は高いと思うね。

質問者A　なるほど。

話をしたければ「そっちから上がってこい」

ラ・ムー　まあ、あまり親切でなくて、すまなかったね。

質問者A　いいえ、とんでもないことでございます。申し訳ございませんでした。

ラ・ムー　何だか、君たちと話をするのはすごく疲(つか)れるんだよ。存在するだけでも、なんか疲れてくるんでね。

質問者A　はい、申し訳ございません。

ラ・ムー　そっちから上がってこいよ。

質問者A　それは、非常に難しい問題でございます。

質問者B　造物主のお考えの側（がわ）から見たときの、小さな人間像のようなものが……。

ラ・ムー　少しだけ見えた？

質問者B　はい。

ラ・ムー　まあ、粘土（ねんど）をこねて創られた君らとは、ちょっと話が合わないかもしらんけどさ。

質問者Ｂ　しかし、これは初めてで、本当に驚きました。

ラ・ムー　いや、君らはね、君らも〝造物主〟だよ、ある意味でな。（Ｂに）編集局というところで、神の言葉を〝捏造〟し続けている。勝手に削り、付け足し、直してね。

質問者Ｂ　文章を校正しているだけなのですが、至らずすみません。

ラ・ムー　死んでからあとに罪は来るからね、罪と罰が。

質問者Ｂ　「反省の教え」を胸に秘めて頑張りたいと思います。

ラ・ムー　はい、じゃあ、以上とします。

質問者A　本日は、どうもありがとうございました。

10　ラ・ムーの霊言を終えて

大川隆法　（手を三回叩く）七百七十七回目の公開霊言は「ラ・ムーの本心」でありました。

多少、〝機嫌の悪い〟状態から入って、そのあと少しは言ってくれたところもあるかと思いますが、こういう気難しいのも、本当ですよね。

質問者Ａ　はい。

大川隆法　たぶん本当でしょう。（こちらに対して）サービスしなくてはいけない理由は何もないからです。

質問者Ａ　はい。

大川隆法　お祀り（まつ）も何もしていないので……。

質問者Ａ　申し訳ございません。

大川隆法　お呼びするに当たって、何か大勢で儀式（ぎしき）をしたわけでもありません。

質問者Ａ　そうですね。

大川隆法　あまりにもインスタントにやりすぎている面もあって……。

質問者Ａ　それは、こちらの問題でございますので……。

大川隆法　多少、機嫌は悪いかもしれませんけれども……。

質問者Ａ　申し訳ございませんでした。

大川隆法　変わっているけれども、変わっているからこそ、「本物かもしれない」と思ったほうがよいでしょうね。

質問者Ａ　はい。

大川隆法　「多数決の原理では、そう簡単に受け入れられない」というところでしょうか。一つの参考にはなったかと思います。

ありがとうございました。

質問者一同　ありがとうございました。

あとがき

現代人類の持つ共同幻想としての「常識」の壁が粉々に破壊されなければ、真理に到達するのは、難しいと感じる。現代の学問の多くは、瑣末なガラクタにしか過ぎないのであろう。

今から一万七千年前の、南太平洋上に浮かぶムー大陸の文明が、少なくともいくつかの面で現代文明を陵駕していたことを、一体誰が想像することができよう。十九世紀以降の西欧型文明は、「驕りと自惚れの文明」だったのかもしれない。今こそ、素直で、透明な心を取り戻して、唯物論国家の限界を悟ろう。

我々の前に、もう一段大きな「心の文明」、「宇宙文明」が開ける時が、もうそこまで来ているのだ。

二〇一八年　六月十九日

幸福の科学グループ創始者兼総裁　大川隆法

『公開霊言 超古代文明ムーの大王ラ・ムーの本心』関連書籍

『太陽の法』（大川隆法 著　幸福の科学出版刊）
『黄金の法』（同右）
『信仰の法』（同右）
『幸福の科学の十大原理（上・下巻）』（同右）
『大川隆法　初期重要講演集　ベストセレクション⑤』（同右）
『レプタリアンの逆襲Ⅰ』（同右）
『公開霊言　古代インカの王 リエント・アール・クラウドの本心』（同右）

公開霊言（こうかいれいげん）
超古代文明ムーの大王（ちょうこだいぶんめいムーのだいおう） ラ・ムーの本心（ほんしん）

2018年7月2日　初版第1刷
2024年5月15日　改版第1刷

著　者　大川隆法（おおかわりゅうほう）

発行所　幸福の科学出版株式会社
〒107-0052 東京都港区赤坂2丁目10番8号
TEL(03)5573-7700
https://www.irhpress.co.jp/
印刷・製本　株式会社 研文社

落丁・乱丁本はおとりかえいたします

ISBN978-4-8233-0009-7 C0014
カバー，帯 Dmitriy Rybin/Shutterstock.com
p.25 kuni.y/PIXTA, p.114 時事通信, p.117 Kowloonese, p.118monjiro/PIXTA
装丁・イラスト・写真（上記・パブリックドメインを除く）© 幸福の科学

大川隆法ベストセラーズ・人類を導く永遠の真理

太陽の法

エル・カンターレへの道

2,200円

創世記や愛の段階、悟りの構造、文明の流転を明快に説き、主エル・カンターレの真実の使命を示した、仏法真理の基本書。23言語で発刊され、世界中で愛読されている大ベストセラー。

永遠の法

エル・カンターレの世界観

2,200円

すべての人が死後に旅立つ、あの世の世界。天国と地獄をはじめ、その様子を明確に解き明かした、霊界ガイドブックの決定版。

地獄の法

あなたの死後を決める「心の善悪」

2,200円

どんな生き方が、死後、天国・地獄を分けるのかを明確に示した、姿を変えた『救世の法』。現代に降ろされた「救いの糸」を、あなたはつかみ取れるか。

メシアの法

「愛」に始まり「愛」に終わる

2,200円

「この世界の始まりから終わりまで、あなた方と共にいる存在、それがエル・カンターレ」――。現代のメシアが示す、本当の「善悪の価値観」と「真実の愛」。

 大川隆法ベストセラーズ・人生の目的と使命を知る 

「大川隆法　初期重要講演集ベストセレクション」シリーズ

幸福の科学初期の情熱的な講演を取りまとめた講演集シリーズ。幸福の科学の目的と使命を世に問い、伝道の情熱や精神を体現した救世の獅子吼（ししく）がここに。

1 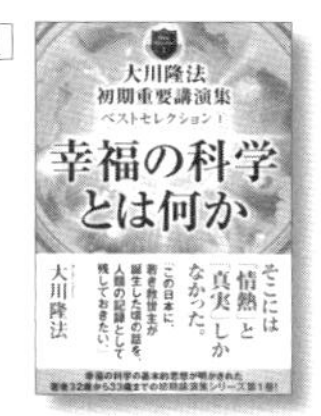

2 

3 

4 

5 

6 

7 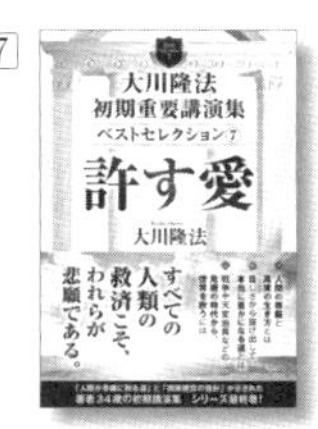

1 幸福の科学とは何か
2 人間完成への道
3 情熱からの出発
4 人生の再建
5 勝利の宣言
6 悟りに到る道
7 許す愛

各1,980円

幸福の科学の十大原理（上巻・下巻）

世界170カ国以上に信者を有する「世界教師」の初期講演集。幸福の科学の原点であり、いまだその生命を失わない熱き真実のメッセージ。

各1,980円

大川隆法 ベストセラーズ・古代文明の秘密・現代文明への警鐘

トス神降臨・インタビュー
アトランティス文明・
ピラミッドパワーの秘密を探る

アンチエイジング、宇宙との交信、死者の蘇生、惑星間移動など、ピラミッドが持つ神秘の力について、アトランティスの「全智全能の神」が語る。

1,540円

アトランティス文明の真相

大導師トス アガシャー大王 公開霊言

信仰と科学によって、高度な文明を築いたアトランティス大陸は、なぜ地上から消えたのか。その興亡の真相がここに。

1,320円

公開霊言 ギリシャ・エジプトの古代神
オフェアリス神の教えとは何か

全智全能の神・オフェアリス神の姿がついに明らかに。復活神話の真相や信仰と魔法の関係など、現代人が失った神秘の力を呼び覚ます奇跡のメッセージ。

1,540円

超古代リーディング・
天御祖神と日本文明の始まり

日本の根源神を知る者たちの証言

３万年前に実在した富士王朝とは？ 天御祖神の降臨当時に居合わせた３人が、日本民族の起源や宇宙とのかかわりなど、想像を超えた歴史的真実を語る。

1,540円

※表示価格は税込10%です。

大川隆法ベストセラーズ・主なる神エル・カンターレを知る

永遠の仏陀

不滅の光、いまここに

すべての者よ、無限の向上を目指せ――。大宇宙を創造した久遠の仏が、生きとし生けるものへ託した願いとは。

〔携帯版〕

1,320円

〔携帯版〕

信仰の法

地球神エル・カンターレとは

さまざまな民族や宗教の違いを超えて、地球をひとつに――。文明の重大な岐路に立つ人類へ、「地球神」からのメッセージ。

2,200円

真実への目覚め

幸福の科学（ハッピー・サイエンス）入門

2010年11月、ブラジルで行われた全5回におよぶ講演の書籍化！ 国境を超え、人種を超え、人々の魂を揺さぶった「幸福の科学」の基本思想が明かされる。

1,650円

信仰のすすめ

泥中の花・透明な風の如く

どんな環境にあっても、自分なりの悟りの花を咲かせることができる。幸福の科学の教え、その方向性をまとめ、信仰の意義を示す書。

1,650円

幸福の科学グループのご案内

宗教、教育、政治、出版などの活動を通じて、地球的ユートピアの実現を目指しています。

幸福の科学

一九八六年に立宗。信仰の対象は、地球系霊団の最高大霊、主エル・カンターレ。世界百七十カ国以上の国々に信者を持ち、全人類救済という尊い使命のもと、信者は、「愛」と「悟り」と「ユートピア建設」の教えの実践、伝道に励んでいます。

（二〇二四年五月現在）

愛

幸福の科学の「愛」とは、与える愛です。これは、仏教の慈悲（じひ）や布施（ふせ）の精神と同じことです。信者は、仏法真理をお伝えすることを通して、多くの方に幸福な人生を送っていただくための活動に励んでいます。

悟り

「悟り」とは、自らが仏の子であることを知るということです。教学（きょうがく）や精神統一によって心を磨き、智慧（ちえ）を得て悩みを解決すると共に、天使・菩薩（ぼさつ）の境地を目指し、より多くの人を救える力を身につけていきます。

ユートピア建設

私たち人間は、地上に理想世界を建設するという尊い使命を持って生まれてきています。社会の悪を押しとどめ、善を推し進めるために、信者はさまざまな活動に積極的に参加しています。

幸福の科学の教えをさらに学びたい方へ

心を練る。叡智を得る。
美しい空間で生まれ変わる――

幸福の科学の精舎

幸福の科学の精舎は、信仰心を深め、悟りを向上させる聖なる空間です。全国各地の精舎では、人格向上のための研修や、仕事・家庭・健康などの問題を解決するための助力が得られる祈願を開催しています。研修や祈願に参加することで、日常で見失いがちな、安らかで幸福な心を取り戻すことができます。

総本山・正心館

総本山・未来館

総本山・日光精舎

総本山・那須精舎

東京正心館

全国に27精舎を展開。

運命が変わる場所――

幸福の科学の支部

幸福の科学は1986年の立宗以来、「私、幸せです」と心から言える人を増やすために、世界各地で活動を続けています。
国内では、全国に400カ所以上の支部が展開し、信仰に出合って人生が好転する方が多く誕生しています。
支部では御法話拝聴会、経典学習会、祈願、お祈り、悩み相談などを行っています。

海外支援・災害支援

幸福の科学のネットワークを駆使し、世界中で被災地復興や教育の支援をしています。

毎年２万人以上の方の自殺を減らすため、全国各地でキャンペーンを展開しています。

公式サイト **withyou-hs.net**

自殺防止相談窓口

受付時間　火〜土:10〜18時（祝日を含む）

TEL **03-5573-7707**　メール **withyou-hs@happy-science.org**

視覚障害や聴覚障害、肢体不自由の方々と点訳・音訳・要約筆記・字幕作成・手話通訳等の各種ボランティアが手を携えて、真理の学習や集い、ボランティア養成等、様々な活動を行っています。

公式サイト **helen-hs.net**

入会のご案内

幸福の科学では、主エル・カンターレ 大川隆法総裁が説く仏法真理をもとに、「どうすれば幸福になれるのか、また、他の人を幸福にできるのか」を学び、実践しています。

仏法真理を学んでみたい方へ

主エル・カンターレを信じ、その教えを学ぼうとする方なら、どなたでも入会できます。入会された方には、『入会版「正心法語」』が授与されます。

入会ご希望の方はネットからも入会申し込みができます。

happy-science.jp/joinus

信仰をさらに深めたい方へ

仏弟子としてさらに信仰を深めたい方は、仏・法・僧の三宝への帰依を誓う「三帰誓願式」を受けることができます。三帰誓願者には、『仏説・正心法語』『祈願文①』『祈願文②』『エル・カンターレへの祈り』が授与されます。

幸福の科学 サービスセンター
TEL 03-5793-1727
受付時間／
火〜金:10〜20時
土・日祝:10〜18時
（月曜を除く）

幸福の科学 公式サイト
happy-science.jp

幸福実現党

内憂外患（ないゆうがいかん）の国難に立ち向かうべく、2009年5月に幸福実現党を立党しました。創立者である大川隆法党総裁の精神的指導のもと、宗教だけでは解決できない問題に取り組み、幸福を具体化するための力になっています。

HS政経塾

大川隆法総裁によって創設された、「未来の日本を背負う、政界・財界で活躍するエリート養成のための社会人教育機関」です。既成の学問を超えた仏法真理を学ぶ「人生の大学院」として、理想国家建設に貢献する人材を輩出するために、2010年に開塾しました。これまで、多数の地方議員が全国各地で活躍してきています。

TEL 03-6277-6029
公式サイト hs-seikei.happy-science.jp

ハッピー・サイエンス・ユニバーシティ

Happy Science University

ハッピー・サイエンス・ユニバーシティとは

ハッピー・サイエンス・ユニバーシティ（HSU）は、
大川隆法総裁が設立された「日本発の本格私学」です。
建学の精神として「幸福の探究と新文明の創造」を掲げ、
チャレンジ精神にあふれ、新時代を切り拓く人材の輩出を目指します。

人間幸福学部　経営成功学部　未来産業学部

HSU長生キャンパス TEL **0475-32-7770**
〒299-4325　千葉県長生郡長生村一松丙 4427-1

未来創造学部

HSU未来創造・東京キャンパス
TEL **03-3699-7707**
〒136-0076　東京都江東区南砂2-6-5

公式サイト **happy-science.university**

学校法人 幸福の科学学園

学校法人 幸福の科学学園は、幸福の科学の教育理念のもとにつくられた教育機関です。人間にとって最も大切な宗教教育の導入を通じて精神性を高めながら、ユートピア建設に貢献する人材輩出を目指しています。

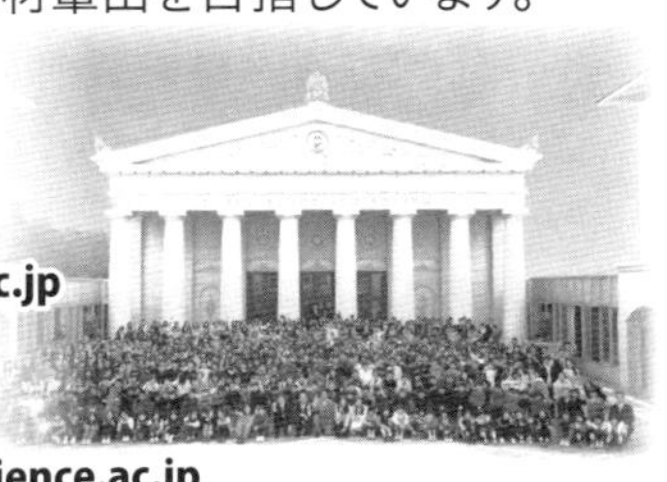

幸福の科学学園

中学校・高等学校（那須本校）
2010年4月開校・栃木県那須郡（男女共学・全寮制）
TEL **0287-75-7777** 公式サイト **happy-science.ac.jp**

関西中学校・高等学校（関西校）
2013年4月開校・滋賀県大津市（男女共学・寮及び通学）
TEL **077-573-7774** 公式サイト **kansai.happy-science.ac.jp**

仏法真理塾「サクセスNo.1」

全国に本校・拠点・支部校を展開する、幸福の科学による信仰教育の機関です。小学生・中学生・高校生を対象に、信仰教育・徳育にウエイトを置きつつ、将来、社会人として活躍するための学力養成にも力を注いでいます。

TEL 03-5750-0751（東京本校）

エンゼルプランV

東京本校を中心に、全国に支部教室を展開。信仰をもとに幼児の心を豊かに育む情操教育を行い、子どもの個性を伸ばして天使に育てます。

TEL 03-5750-0757（東京本校）

エンゼル精舎

乳幼児が対象の、託児型の宗教教育施設。エル・カンターレ信仰をもとに、「皆、光の子だと信じられる子」を育みます。
（※参拝施設ではありません）

不登校児支援スクール「ネバー・マインド」

TEL 03-5750-1741

心の面からのアプローチを重視して、不登校の子供たちを支援しています。

ユー・アー・エンゼル！（あなたは天使！）運動

障害児の不安や悩みに取り組み、ご両親を励まし、勇気づける、障害児支援のボランティア運動を展開しています。

一般社団法人 ユー・アー・エンゼル
TEL 03-6426-7797

NPO活動支援

学校からのいじめ追放を目指し、さまざまな社会提言をしています。また、各地でのシンポジウムや学校への啓発ポスター掲示等に取り組む一般財団法人「いじめから子供を守ろうネットワーク」を支援しています。

公式サイト mamoro.org　ブログ blog.mamoro.org
相談窓口 TEL.03-5544-8989

百歳まで生きる会～いくつになっても生涯現役～

100 幸福の科学

「百歳まで生きる会」は、生涯現役人生を掲げ、友達づくり、生きがいづくりを通じ、一人ひとりの幸福と、世界のユートピア化のために、全国各地で友達の輪を広げ、地域や社会に幸福を広げていく活動を続けているシニア層（55歳以上）の集まりです。

【サービスセンター】TEL 03-5793-1727

シニア・プラン21

「百歳まで生きる会」の研修部門として、心を見つめ、新しき人生の再出発、社会貢献を目指し、セミナー等を開催しています。

【サービスセンター】TEL 03-5793-1727

幸福の科学出版

大川隆法総裁の仏法真理の書を中心に、ビジネス、自己啓発、小説など、さまざまなジャンルの書籍・雑誌を出版しています。他にも、映画事業、文学・学術発展のための振興事業、テレビ・ラジオ番組の提供など、幸福の科学文化を広げる事業を行っています。

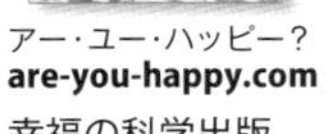

アー・ユー・ハッピー？
are-you-happy.com

ザ・リバティ
the-liberty.com

幸福の科学出版
TEL **03-5573-7700**
公式サイト **irhpress.co.jp**

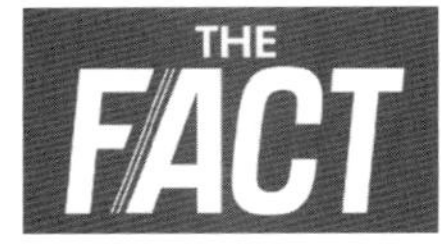

YouTubeにて
随時好評
配信中！

ザ・ファクト

マスコミが報道しない
「事実」を世界に伝える
ネット・オピニオン番組

公式サイト **thefact.jp**

ニュースター・プロダクション

「新時代の美」を創造する芸能プロダクションです。多くの方々に良き感化を与えられるような魅力あふれるタレントを世に送り出すべく、日々、活動しています。 公式サイト **newstarpro.co.jp**

ARI Production

ARI Production（アリプロダクション）

タレント一人ひとりの個性や魅力を引き出し、「新時代を創造するエンターテインメント」をコンセプトに、世の中に精神的価値のある作品を提供していく芸能プロダクションです。 公式サイト **aripro.co.jp**